일상의 모든 일이 생각대로 술술 풀린다

 # 안 될 일도 되게 하는
대화와 협상의 기술

대경북스

노교섭 대리, 이거 입력 좀 부탁해도 될까?

네? 지금 막 퇴근하려던 참인데….

이 이야기의 주인공 노교섭 대리

꼭 좀 부탁해 나도 일이 밀려서….

부탁해 부탁해 부탁해

그러면 알겠습니다.

하아… 이제 조금만 더 하면 끝난다.

응?

띠링 띠링

여보세요?

지금 어디야? 왜 이렇게 늦어?

아직 회사 일이 덜 끝났어…

저녁 같이 먹기로 약속했잖아?

아, 미안!

됐어! 다음 여행 계획이나 제대로 세워!

알겠어~ ……

10000
10000

에잇, 이게 뭐야! 뭐 이렇게 되는 게 없어?

그것은 당신의 협상 능력이 형편 없기 때문이에요!

어?

머릿속에서 목소리가!?

위를 봐! 위!

위?

네고 플래닛에서는 다양한 종족이 협상을 통해 평화롭게 살아가고 있다.

네고 플래닛

우리는 다른 별들을 돌아다니면서 네고 플래닛과 외교 관계를 맺자고 권하고 있지.

그래서 어제 지구에 도착했는데……

그 누구를 봐도 지구인의 협상 능력은 너무 엉망이야.

특히 당신 나라에서는 협상력 부족으로 노사 관계, 남북 관계, 정치, 외교에서 여러 문제들이 발생하고 있잖아.

그중에서도 노교섭 대리 당신은 더 심해!

으앗!

그래서 지구인의 협상 능력을 높여 주기 위해 먼저 당신을 훈련시키기로 했어!

으앗!

거절한다면 당신을 먹어 버리겠다!

으앗!

미안, 지금 한 말은 농담이야. 먹어 봤자 맛도 없을 거 같고

미안하지만 전혀 농담처럼 안 들려.

하지만 저, 평소에는 협상 뭐 이런 거 안 하는데요?

훗~

한 번 들어 볼래? 협상이란 말야 ~ 여러 사람들이 앞으로의 일을 서로 이야기하고, 협력하면서 결정을 내리는 것이야.

그러니까 일터에서 벌어지는 협의나 회의 말고도

가족, 친구, 연인들끼리 나누는 대화도

협상이라고 할 수 있지.

그렇긴 하죠

지금 당신이 힘든 것도 협상을 제대로 하지 못해서 이런 상황에 처한 거라고

잘 알아들었군.

세상 모든 사람과의 대화에서 ......

앞으로 당신이 어려운 협상 상황에 휘말리면 아까처럼 머릿속에서 직접 말을 걸어서 어드바이스해 줄게.

이런 느낌으로!

삑!

어째 절대 거절 못할 상황이라 뭐라 말은 못했지만,

자, 그럼 노교섭 대리 당신의 훌륭한 협상을 위하여!

그런데 이거 괜찮은 걸까?

들어가며

여러분 매일매일 협상하는 삶을 사느라 수고 많으십니다.

네? '협상이라니, 그다지 하고 있지 않습니다만'이라고요?

역시, 확실히 '협상'이라는 말을 들으면, '형사 드라마에서 본 것처럼 긴박한 거래'나 '국가 간의 외교 협상' 같은 게 가장 먼저 떠오르지요.

하지만 실은 협상은 그렇게 딱딱한 것만은 아닙니다. 오히려 우리들이 평소에 당연하다고 여기면서 하는 일들입니다. 앞에서 네고 플래닛 사람네고시안인 아보트가 설명했지만, 여기서 다시 한 번 '협상'의 정의를 확인해 볼까요?

"협상이란, 여러 사람들이 앞으로의 일을 서로 이야기하고, 협력하면서 결정을 내리는 것입니다."

이것은 한 마디로 하면……

비즈니스	사생활
· 상사와 협의	· 친구와 함께하는 여행 계획
· 부서 회의	· 연인과의 대화
· 거래처와 영업	· 가정 내의 가사 분담

이런 모든 것들이 '협상'에 포함됩니다.

이렇게 보면 우리가 살면서 협상하지 않는 날이 거의 없는 것 같지 않습니까? 이처럼 광범위한 협상을 다루는 학문이 네고시안의 전문 분야인 '협상학'입니다.

협상학을 간결하게 설명한다면 '왜 사람의 대화가 정리되지 않는가' 나 '말이 통하지 않는다고 느껴지는 상대와 어떻게 하면 합의점을 도출해 낼 수 있을까'를 생각하는 학문이라고 할 수 있겠네요.

약 20년 전, 도시 개발에서 '합의점'을 연구하면서 이 협상학을 처음 만났습니다. 매사추세츠 공과대학MIT에서 공부할 때, '어떻게 하면 합리적이면서도 과학적으로 합의점을 찾아낼 수 있을까?' 하는 의문에 부딪혔지요. 그 답 중 하나를 이 학문에서 발견했습니다. 그 이후 수많은 도시 개발, 공공사업 현장에서 일하면서 행정직원이나 여러 회사 직원들을 대상으로 협상학 수업을 해 왔습니다.

이 책의 목적은 이 협상학의 노하우를 살려서 여러분의 매일매일의 협상이 좀 더 잘 정리되도록, 좀 더 좋게 하는 것입니다. 협상학을 이해하면, 쓸데없는 대화에 시간을 낭비하거나, 고민해도 해결 방법이 없는 일들로 끙끙대거나, 마지막으로는 '손해를 보는 일'이 없어질 것입니다.

이 책에는 '협상'을 잘 못하는 노교섭 대리가 등장합니다. 노교섭 대리는 일이나 사생활에서 합의점을 잘 찾아내지 못하고, 언제나 당황합니다. 그런 노교섭 대리가 네고시안인 아보트를 통해 협상학을 익혀 매일매일의 생활을 바꿔 나갑니다. 그의 이야기를 통해 여러분에게 매일 사용할 수 있는 '대화의 기술'을 소개해 드리려고 합니다.

자, 그럼 세상에서 가장 쉬운 협상학 입문인 『협상의 정석』을 시작합니다.

이 책을 다 읽고 나면, 반드시 당신은 누구나 납득하는 합의점을 시간 낭비없이 이끌어 낼 수 있는 협상의 달인으로의 첫걸음을 내딛을 것입니다.

캐릭터 소개

노교섭 대리

28세. 남성. 중소 규모의 아웃도어 용품 판매회사에 근무한다. 소속은 매장관리부.

평일에는 본사에서 사무 작업을 하고, 주말에는 매장에서 직접 판매일을 하기도 한다. 현장 판매원보다도 아웃도어 용품을 잘 아는 편이며, 취미는 음악 감상이다. 온화한 성격이지만, 말을 잘 못해서 늘 손해 보기 일쑤다.

아보트 Abot

연령·성별 모름. 네고 플래닛 사람.

협상으로 사회를 통치하는 네고 플래닛에서 왔다. 임무는 네고 플래닛과 다른 별의 외교를 권장하는 일. 말투는 온화하지만 가끔은 진지한 얼굴로 무서운 말을 한다. 타고난 협상가인 네고시안 중에서도 단연 손꼽히는 협상의 달인.

코스테로 Costero

연령·성별 모름. 네고 플래닛 사람. 아보트의 친구.

지구 말을 하지 못하므로 무슨 말을 하는지 알지 못하지만, 아보트와는 굉장히 사이가 좋은 듯. 표정이 풍부함.

차 례

BATNA* 활용하기
거래처와의 발주 협상

다자간 협상의 기본은
사내 회의에서의 협상

대표자끼리의 대화

동창회 기획

제**6**장

제 1 부
비즈니스 협상

제 1 장

협상의 마음가짐

필요한 날 휴가를 내기 위해 상사와 협상하기

협상 0 **휴가를 내고 싶은 직원과 그 직원이 없으면 곤란해지는 상사**

어느 날 노교섭 대리는 사무실에서 매우 곤란한 표정을 짓고 있었습니다. 다음날 네고시안 아보트가 이야기를 들어 보니, 최근 평일에는 본사에서 업무를 하고, 주말에는 매장의 세일즈 이벤트가 꽉 차 있어서 휴가를 전혀 낼 수 없는 상황이었던 것입니다.

초여름 세일 행사 때는 매장을 찾는 손님이 많은 만큼 여러 가지 문제가 발생할 수 있기 때문에 사실 휴가를 내기가 쉽지 않습니다. 하지만 다음 달 일요일에는 무슨 일이 있어도 가야 할 일이 생겨 버렸습니다. 그날만큼은 꼭 유급 휴가를 내야만 합니다. 노교섭 대리는 마침내 용기를 내 상사인 부장을 찾아갔습니다.

🧑 부장님, 말씀 드릴 게 있습니다. 다음 달 매장 근무 건입니다만, 15일 일요일 근무를 좀 빼 주셨으면 합니다.

부장 이런, 그날은 세일 행사가 한창일 텐데, 무슨 중요한 일이라도 있는 건가?

🧑 아, 그건 아니고, 그게, 사적인 취미 활동 때문에….

부장 취미 활동이라. 그 정도라면 그 일정을 평일로 옮겨도 되지 않을까? 그동안 평일 주말 가리지 않고 일하느라 힘들었던 거 알아. 꼭 그렇지 않아도 자네는 휴가를 낼 권리가 얼마든지 있지. 하지만 솔직히 말야, 한창 바쁜 일요일에 휴가를 내는 건 좀 곤란해.

🧑 네, 그건 저도 잘 알고 있습니다만….

부장 그렇지? 자, 그럼 스케줄 조정 좀 부탁하네! 이번 일까지만 잘 마무리하고 푹 쉬자고!

　　결국 노교섭 대리는 부장의 기세에 지고 말았습니다. 부장은 유급 휴가 취득의 권리를 스스로 인정했고, '절대 안 돼!'라고 강경하게 나올 것 같지는 않습니다. 다만 노교섭 대리가 그 일요일에 쉴 경우 상당히 곤란해지는 상황인 것도 모른 체할 수가 없네요. 말을 잘 못하는 노교섭 대리는 그만 자기도 모르게 양보하는 듯한 태도를 보이고 말았습니다.

아아, 망했다! 차라리 그날 아침에 감기 걸려 꼼짝도 못하 겠다고 거짓말을 하고, 병가를 내 버릴까? 아! 그러고 보 니 어제 만난 네고시안이 '협상이 막히면 머릿속에서 어드 바이스해 주겠다'고 한 것 같은데…. 가만 이건 협상이 아 닌가?

 아니아니, 맞아. 노교섭 대리! 이것도 아주 훌륭한 협상 이야.

 으앗! 깜짝 놀랐잖아! 갑자기 말을 하면 어떻게 해?

 후후후, 미안미안. 이런 상황에서 '협상'을 떠올리는 자네 를 보면서 너무 신이 났지 뭐야. 자자, 자네가 중얼거리기 전부터 상황을 다 지켜본 터라 이미 알고 있어. 협상은 이 렇게 우리 일상 아주 가까이에 있는 거야. 자네는 다음 달 15일에 휴가를 내고 싶은데, 부장님이 허락을 안 해 주시 는 거지?

 부장님이 너무 완고하셔. 이거 이젠 정말 어쩔 수 없는 걸까?

 저런, 포기는 아직 이르지. 부장님을 찾아가서 재협상해 보자고! 내가 합의점 찾기를 도와줄게.

 좋아. 황금 같은 휴가를 얻어 낼 수만 있다면, 다시 한 번 부딪쳐 볼 수밖에!

협상 1 '인물'과 '문제'를 분리한다

노교섭 대리는 부장과의 재협상을 원합니다. 아보트가 머릿속에서 어드바이스해 줄 거지만, 내심 '협상이라면 강하게 나가야 해!'라며 어깨에 잔뜩 힘이 들어간 듯합니다.

 부장님. 바쁘신데 죄송합니다!

부장 아~! 아까 말한 그 스케줄 벌써 변경했나? 잘했어, 잘했어.

 아닙니다. 15일에 꼭 유급 휴가를 내고 싶습니다!

부장 이봐 이봐, 노 대리! 이번에는 꽤 세게 나오는군.

 그런 건 아닙니다만, 실은 평소에도 부장님 하시는 말씀은….

"삐삐삐삐삐삐삐!"

노교섭 대리의 머릿속에서 갑자기 크고 날카로운 경보음이 울려 퍼졌습니다. 노교섭 대리는 갑작스러운 큰소리에 깜짝 놀라 그 자리에서 펄쩍 뛰고 말았습니다.

부장	왜 그래? 노 대리, 괜찮아?
	죄송합니다. 잠깐 화장실 좀!

(당황해서 화장실로 뛰어들어가 숨을 돌리는 노교섭 대리)

 지금 이게 뭐지? 아보트 짓인가?

 앗, 미안! 소리가 너무 컸군. 방금 전 그 소리는 이른바 '협상 결렬 경보.' 협상을 형편 없는 방향으로 끌고 갈 때 울리지.

 뭐야? 제대로 조언 한 번 안 해 놓고, 대뜸 경고부터 하다니! 제대로 어드바이스나 해 줘!

 하마터면 협상이 틀어질 뻔했다고. 차근차근 어드바이스할 타이밍이 아니었어. 당신, 평소와는 달리 세게 나가던걸?

 그게, '협상'을 할 거면, 아무리 부장님 앞이라도 기를 바짝 세우고 당당하게 나가야 ….

 역시 아직 멀었군. 협상에서는 말야, 세 보이거나 약해 보이는 건 상관이 없어.

하지만 약하게 나갔다가는 아까처럼 부장님의 기세에 눌려 버리고 말 거야.

 맞아. 약해 보이는 건 좋지 않아. 그럼 세 보이는 건 좋을 까, 나쁠까? 그것 역시 좋지 않아.

 이것도 안 좋다. 저것도 안 좋다. 대체 어떻게 하라는 거야?

 가장 먼저 자신의 감정을 콘트롤할 것!

 나 참, 그 정도는 나도 할 수 있다고. 어린애도 아니고 말야.

 아니아니, 충분히 유치해. 아까 경고음을 안 울렸으면 '평 소에도 부장님 하시는 말씀은 납득이 잘 안 가요' 이렇게 말하려고 했지?

 그건, 뭐, 그러니까 사실 부장님 말씀이 납득이 안 가긴 했 다고.

 협상에서 당신이 납득이 가는지 안 가는지, 또 당신 기분 이 어떤지는 중요하지 않아. 이번 협상의 목적이 뭐지?

 그야 다음 달 15일에 유급 휴가를 받아 내는 거지.

 맞아! 그러니까 부장님이라는 '인물'에게 있는 불만은 이번 문제하고는 별개야. 지금은 '휴가를 낼 수 없을 것 같다'는 문제를 생각해야 해. 이야기가 감정적으로 흘러 버리면 그 시점에서 협상 실패야. 자, 이제 부장님께 돌아가서 아까 말을 얼버무린 걸 사과하고, 자네가 그날 유급 휴가를 내고 싶은 이유부터 설명하자고.

'자칫하다가 아까 그 경보가 또 울리는 건 아닐까?' 조마조마해 하며 노교섭 대리는 부장에게로 갔습니다.

 부장님, 죄송합니다.

부장 노 대리, 괜찮아? 그래, 말해 봐. 아까 평소에도 내가 한 말이 어떻다는 이야기를 하려다 끝났지?

 아, 아닙니다. '평소에도 부장님께 좀 더 여러 가지 것들을 상의 드렸으면 좋았을 텐데', 그 말씀을 드리려고 했습니다. 그래서 우선 15일 유급 휴가 건부터 상의 드리고 싶습니다.

부장 그런데 자네 지금까지와는 다르게 오늘은 정말 끈질기군. 대체 무슨 취미 활동이기에 그래?

 네, 부장님! 말씀 드릴게요.

협상이란, 표면적으로는 인물끼리의 대화입니다. 그렇다 보니 자신도 모르게 성격이나 말하는 방법에 신경이 쓰이기 쉽습니다. 하지만 협상의 목적은 그 사람이 안고 있는 문제를 해결하는 데 있습니다. 절대 상대방을 속이거나, 말로 상대방을 꺾으려고 하는 것이 아니지요. 즉, 대화가 처음부터 끝까지 큰소리 한 번 내지 않고 부드럽게 마무리되었다 해도 문제를 해결하지 못했으면 그 협상은 실패입니다. 반대로, 대화하는 내내 시종일관 냉담한 분위기였다 해도 문제를 해결했다면 협상은 성공입니다.

협상학에서는 대화 흐름을 '인물'과 분리하는 것이 중요합니다. 사람인 이상 눈앞에 있는 협상 상대에게 분노, 불만, 적의 등 감정이 끓어오르는 것을 막을 방법은 없습니다. 그러나 그런 감정을 다스리지 못하고 휩쓸려버리면 쉽게 해결할 수 있는 문제도 해결은커녕 오히려 더 커질 수 있습니다. 자신의 기분에 휘둘리지 않고 지금 해결해야 하는 문제를 생각하면서 문제 해결에 집중하는 것이 중요합니다.

노교섭 대리도 전부터 불만이었던 부장의 말에 화가 나서 그만 부장을 비난하는 문장의 첫마디를 불쑥 꺼내고 말았습니다. 대화가 감정적으로 흐르면 나쁜 말을 또 다른 나쁜 말로 받아치게 되어 끝이 나지 않으며전문용어로 '에스컬레이션(escalation)'이라고 합니다, 결국 문제 해결을 위한 대화와는 자꾸만 멀어지는 경우가 대부분입니다. 감정에 휩쓸리지 않고 항상 냉정하게 문제 해결을 위한 대화를 지속할 수 있는 능력이야말로, 매일매일의 협상을 성공으로 이끄는 포인트를 찾는 첫걸음입니다.

상대의 변명 뒤에 숨은 '진실' 알아채기

> **부장** 자, 왜 15일에 꼭 휴가를 내야 하는지 말해 보게.
>
> 네! 실은, 다음 달 15일에 음악 페스티벌이 있는데, 예전부터 제가 팬인 외국의 유명 밴드가 출연합니다.
>
> **부장** 페스티벌? 축제 기간은 꽤 길지 않아? 그럼 꼭 15일이 아니어도 되는 거잖아?
>
> 그런데요 부장님, 그 밴드는 15일 하루만 출연합니다.
>
> **부장** 15일에만 공연을 한다......?

오래전부터 팬이었고, 15일 하루만 공연한다고 솔직하게 말씀 드리니 부장도 뭔가 다시 생각하는 듯한 분위기입니다. 노교섭 대리는 순간 '나도 협상 잘하지?' 하며 우쭐해 슬쩍 자신감이 생겼지만, 부장도 그렇게 쉬운 사람은 아니었습니다.

부장 자네 마음도 알겠지만, 세일 기간 중에 있는 일요일에 휴가를 내는 건 좀 곤란해. 그 밴드 공연은 나중에 동영상으로 다운받아서 보면 안 되겠나?

부장님, 현장에 직접 가서 보는 것과 동영상으로 보는 것은 엄청나게 다릅니다!

역시 부장은 만만치 않은 사람이네요. 실망한 노교섭 대리가 고개를 숙이고 있자 네고시안 아보트가 다시 말을 걸어 옵니다.

부장님은 왜 이렇게 일요일에 집착하시는 거지? 이봐, 노 대리! 왜 그러시는지 알아?

이 말에 정신이 번쩍 든 노교섭 대리. 용기를 내서 부장에게 물어봅니다.

부장님, 15일 일요일에 제가 꼭 있어야 하는 이유를 말씀해 주셨으면 합니다.

부장 그러니까 주말에 오시는 단골고객들이 전문적인 질문을 해 오시면 거기에 적절하게 응대할 수 있는 사람은 노 대리밖에 없잖아. 다른 사원이 대충 응대하면 단골고객들한테서

항의가 들어오거나, 최악의 경우 두 번 다시 우리 매장을 찾지 않을지도 모르지 않나? 나나 다른 사원이 매장에 갈 수도 있지만, 노 대리만큼 잘 아는 사람이 어디 있어야지. 그리고 요새는 사소한 고객 클레임이라도 임원들이 워낙 민감해하셔서 큰일나거든.

실은, 일요일은 단골고객이 매장을 많이 찾고, 신상품 해설이나 보상 판매 등, 주로 노교섭 대리가 응대해야 할 고객이 많습니다. 노교섭 대리가 응대하지 못한다면 판매에 영향을 미치는 단골고객의 기분을 상하게 할 수도 있고, 단골고객 클레임이 임원들 귀에라도 들어간다면 부장은 크게 혼이 날 수도 있습니다. 이것이 부장의 '속마음'인 듯합니다. 이때 다시 아보트가 속삭입니다.

 이봐, 노대리. 부장님 걱정을 덜어 드릴 만한 좋은 생각 없어?

아! 노교섭 대리에게 뭔가 좋은 생각이 떠오른 것 같습니다.

아, 그것을 걱정하셨군요! 그럼 저희 매장을 자주 찾는 단골고객들에게 제가 15일에 휴가를 간다는 사실을 사전에 알려 두겠습니다. 그리고 평일에 오는 아르바이트생 중에 상품을 굉장히 잘 아는 친구가 있습니다. 15일은 주말입니다만, 그 사람에게 특별히 출근해 줄 수 있는지 물어보겠습니다.

부장 좋은 생각이야! 그렇게만 한다면 마음을 좀 놓을 수 있지.

상황이 꽤 좋아지는데요! 처음에는 '일요일은 안 돼!'라고만 하던 부장의 자세도 꽤 누그러진 것 같습니다.

상대방이 내놓은 상황에 '예' 또는 '아니오'로 대답하는 것이 협상이라고 생각하는 사람이 있을지 모릅니다만, 진짜 협상은 그런 단순한 주고받음이 아닙니다. 오히려 대화 초반에 나온 조건은 협상의 계기일 뿐입니다. 이후 오가는 대화에서 여러 가지 정보를 주고받으면서 서로 만족할 수 있는 합의점을 찾는 것이 협상의 묘미입니다.

노교섭 대리와 부장의 협상 초반부를 다시 살펴볼까요? 처음에는 '다음 달 15일 노교섭 대리 휴가'를 두고 노교섭 대리는 '휴가를 가고 싶다', 부장은 '휴가를 가지 않았으면 좋겠다'고 하는 이항 대립이었습니다. 그런 대화는 아무리 오래 해도 문제를 해결할 수 없습니다. 노교섭 대리가 고대하던 페스티벌을 포기하거나, 부장이 불만을 품은 채 용인하거나 반드시 어느 한쪽이 불만스러울 수밖에 없습니다. 나쁘게는 이러다 언쟁이 커지면 직장 권력 소송으로 발전되거나, 노 대리가 근무 부서를 옮기거나 하는 등 서로 아주 불행한 방향으로 진행될 수도 있습니다.

이럴 때, 부장이 그토록 일요일에 집착하는 이유를 주목해 보면 돌파구가 보입니다. 그 이유를 앎으로써 노교섭 대리가 제안할 수 있는 옵션이 있을 수도 있으니까요. 실제로 일요일에 휴가를 가는 것 자체가 문제가 되는 것이 아니라, 단골고객 응대가 부장이 걱정하는 포인트였기 때문입니다. 노교섭 대리가 '페스티벌 포기'는 받아들이기 힘들지만, 단골고객이 마음 상하지 않도록 자신의 휴가 일정을 사전에 알

리고, 본인만큼 고객을 잘 응대할 수 있는 우수한 아르바이트생을 수배하는 정도의 일은 일상 업무의 일환으로 적절하게 처리할 수 있습니다.

협상학에서는 표면적인 요구를 '입장', 그리고 배후에 있는 이유를 '이해'라고 불러서 구별합니다. 입장을 받아들이거나 혹은 받아들이지 않는, 도저히 결론이 나지 않는 싸움으로 일관하기보다는 상대의 '이해'가 무엇인지를 알고 그 이해를 만족시켜주면 의외로 간단하게 문제를 해결할 수 있습니다.

이번에는 노교섭 대리의 '휴가를 가고 싶다'와 부장의 '휴가를 가지 않았으면 좋겠다'가 입장, 노교섭 대리의 '페스티벌에 가고 싶다'와 부장의 '단골고객의 클레임이 두렵다'가 이해였습니다.

부장의 이해가 명확해졌기 때문에 '일요일은 안 돼'라는 고비는 넘길 수 있었습니다. 그런데 일요일에 단골고객의 클레임이 나오지 않도록 어떻게 대책을 세울지, 이번에는 채움의 협상을 시작합니다.

 　상품을 잘 아는 아르바이트생 K 씨에게는 제가 말해 두겠습니다.

부장　잘 부탁하네. 하지만 일요일인데 정말 와 줄까?

 　지금 K 씨가 돈이 좀 필요한 상황인 것 같더라고요. 아마도 임금 인상을 앞당기면 괜찮을 겁니다.

부장　뭐라고? 갑자기 임금 인상이라니! 게다가 요즘 같은 불경기에는 곤란해. 그리고 사실 그 친구는 일요일에는 매장에 한 번도 나온 적이 없어서 일요일에 오시는 단골고객들을 제대로 응대할 거라는 확실한 보장도 없지 않나?

 　그렇긴 하지만, 걱정 안 하셔도 됩니다. 그 친구의 고객 응대는 완벽합니다.

부장　알겠네. 그래도 혹시 무슨 일이 생길지도 모르니까 일요일에도 전화는 좀 받아주게.

 아, 부장님. 그건 좀 어려울 것 같습니다. 밴드 공연이라 음악 소리가 워낙 클 테니까요.

부장 아무리 그래도 전화 받는 것 정도는 해야 하는 거 아닌가?

 부장님, 저는 휴가를 간 겁니다. 그런데 휴가지에서까지 업무 전화를 받으라 하시면, 그건 진정한 휴가가 아니지 않습니까?

부장 나도 아네. 하지만 무슨 일이라도 생기면 방법이 없으니까 하는 말일세.

부장이 고집을 피우자 노교섭 대리도 다시 불안해지기 시작했지만, 감정적이 되어서는 협상을 성공적으로 끝낼 수 없다는 생각이 들었습니다. 그래서 노교섭 대리는 접객은 K 씨에게 맡겨 두면 문제 없을 것이기 때문에, '부장님을 어떻게 설득할까'에 몰두해 있습니다.

 여기서는 이해의 '차이'를 찾아보는 게 좋아.

 이해의 '차이'?

 당신은 아르바이트생 임금을 인상해야 한다고 했고, 부장님은 당신에게 전화를 받아 달라 요구했지?

 응. 전화 받는 건 무리지만….

 연주 전후라면 잠깐씩 통화는 가능하지 않겠어?

 음…… 뭐, K 씨 임금을 좀 당겨 인상해 주신다면 가능할 수
도 있지.

 자, 여기서 '교환 거래'를 시도해 보자고. 당신의 요구는
아르바이트생의 임금 인상, 부장님의 요구는 전화를 받을
것. 이해가 서로 다른 이런 상황에서는 상대의 이해를 만
족시켜 드릴테니 대신 나의 이해도 만족시켜 주기를 청해
보는 거야.

아보트의 방법이 왠지 위협하는 것 같아서 살짝 두근거렸지만, 달리
방법이 없었던 터라 노교섭 대리는 마음을 다잡고 부장님과 협상을 해
보기로 했습니다.

 부장님, 전화 건 때문인데요. 연주 중에는 무리지만, 그 전
후라면 받도록 하겠습니다! 대신 당일에는 K 씨가 꼭 필요
합니다. 그런 만큼 아까 말씀드린 것처럼 임금 인상을 빨
리 해 주셨으면 하는데, 가능할까요?

부장 음, 시기적으로 좀 어렵긴 하지만, 좋아! 어떻게든 해 보자고.

감사합니다! 혹시라도 그 친구가 대응하기 힘든 일이 있다면 연주 전후에 전화로 지시하겠습니다.

부장 고마워. 이제 안심이군. 미안하네, 쉬는 날인데.

아닙니다. 저도 단골고객들이 불편해하시는 것은 원치 않습니다.

표면적인 요구입장의 배후에 있는 이유이해를 찾아보면 어느 한쪽이 양보할 수밖에 없어 보이는 대립에서도 의외로 깔끔하게 합의점을 찾을 수 있는 경우가 있습니다. 그러나 상대의 이해를 만족시키는 것만으로는 협상 성공이라 할 수 없습니다. 상대만 만족하고 자신은 불만스러워서는 협상의 의미가 없으니까요.

이럴 때, 자신과 협상하는 상대의 이해 '차이'를 찾아봅니다. 자신은 이것을 하고 싶고, 상대도 이것을 하고 싶다, 즉 둘 다 같은 것을 하고 싶다면, 쟁탈이 되어 버립니다. 그러나 자신과 상대가 다른 것을 하고 싶어할 경우에 자신의 이것과 상대의 저것을 동시에 실현할 수 있다면 좋을 것입니다.

노교섭 대리와 부장 사이에서는 임금 인상과 전화 수신이라는 다른 이해가 존재합니다. 여기서 아르바이트생의 임금 인상과 전화 수신 각각을 살펴보면, '했으면 좋겠다'와 '하고 싶지 않다'로 대립합니다. 그러나 노교섭 대리는 '공연을 쉬는 사이사이 비는 시간이라면 전화를 받겠다'는 마음이 있습니다. 부장도 아르바이트생의 임

이해	아르바이트생의 임금 인상	전화 수신
노교섭 대리	O 했으면 함	X 하고 싶지 않음
부장	X 하고 싶지 않음	O 했으면 함

금 인상은 피하고 싶지만, '무슨 일이 있어도 필요하다면 어떻게든 해 보겠다'는 마음이 있습니다. 그렇다면 이 두 가지의 이해를 패키지로 해서 '전화를 받을 테니 대신 아르바이트생의 임금을 올려 달라고 하는 아르바이트생의 임금 인상을 받아들이는 대신 전화 수신을 하는 거래가 이루어집니다.

이렇게 복수의 조건을 조합시키는 협상을 '통합형 협상'이라고 합니다. 한편, 한 가지 조건예를 들면, 아르바이트생의 임금 인상을 다투는 협상을 '배분형 협상'이라고 합니다. 시장에서 이루어지는 가격 협상이 배분형 협상의 전형적인 예입니다. 파는 사람은 비싸게, 사는 사람은 싼 금액을 제시해서 서로 서서히 양보하면서 합의점을 찾는 것이 배분형 협상입니다. 그러나 배분형 협상에서는 'OO하는 대신 △△'라고 하는 거래가 되지 않기 때문에, 납득도 좀 덜 되고, 합의하지 못하는 경우도 많습니다.

그렇기 때문에 협상에서는 복수의 거래 조건을 조합시키는 통합형 협상을 하여야 합의 성립이 쉬워집니다. 각각의 조건을 고집하지 않고, 다른 조건과 맞춰 가면서 '이 것을 할 테니 저것을 해 주면 좋겠다'라는 조합이야말로 합의점을 찾는 열쇠입니다.

부장에게 '전화를 받을 테니 대신 아르바이트생의 임금을 올려 달라'는 약속을 받아낸 노교섭 대리. 부장과 결정 사항 확인 절차를 진행 중입니다.

> **부장** 자, 그럼 혹시 무슨 일이 생기면 전화하라고 하겠네.
>
> 알겠습니다. K 씨 임금 인상 건, 잘 부탁 드립니다!
>
> **부장** 뭐, 다른 수가 없지 않은가…. 응? 또 무슨 일이 있나?
>
> 아, 아닙니다. 아무것도 아닙니다.

갑자기 아이디어가 떠올랐지만, 부장과의 협상에 지친 노교섭 대리. '일단은 휴가를 낼 수 있게 돼서 다행이야'라고 생각하면서 그 자리를 떠나려는 순간….

> 어? 아직 뭔가 할 말이 남았어?
>
> 됐어. 뭐 협상에는 성공했으니까.

아니, 아직 끝난 게 아니야. 뭔가 좋은 아이디어가 있다면 전달하는 쪽이 좋을 것 같은데.

음, 실은 페스티벌에 가는 김에, 그 지역에 있는 제조사를 방문해서 신상품 정보를 받아 오면 좋겠다 생각했거든. 페스티벌 장소 바로 근처에 제조사가 있어.

그런 거면 부장님도 좋아하시지 않겠어? 제안해 봐!

하지만 페스티벌은 일요일이니까, 다음날 회사로 출근 안 하고, 제조사로 바로 출근해야 하거든. 허락해 주지 않으실 거야. 게다가 뭔가 너무 제멋대로 하는 것 같지 않아?

아이디어는 제안하지 않는 한 실현되지 않아. 안 된다고 해도 괜찮으니까 우선은 말해 보자고!

부장님, 자꾸 죄송합니다. 실은 15일 건으로 한 가지 더 상의 드리고 싶은 일이….

부장 응? 휴가 가도 돼. 그런데 또 뭐가 남았지?

실은요, 부장님. 그 페스티벌 개최지가 ○○시예요. 그래서 다음날인 월요일에 제조사 H 공업을 방문해서 신상품 정보를 미리 받아 오면 좋겠다 싶어서요.

부장 오! 좋은 생각이야. 그래, 다녀오게.

부장님, 그러려면 일요일에 N 호텔에서 묵고 월요일 아침에 H 공업으로 바로 출근해야 하는데, 교통비를 자비로 내는 것이 좀…. 그렇다고 해서 비용을 받으면 출장이 되어 버리니까.

부장 그런 걸 뭘 걱정하고 그래. 페스티벌을 개인적인 부가 용무로 해서 H 공업에 출장가는 것으로 처리하겠네.

저기 그럼, 교통비와 숙박비도?

부장 노 대리, 세상이 그렇게 호락호락하진 않지. 이번 세일에서 추첨 행사를 하려는데, 상품이 될 만한 제품을 H 공업에서 좀 받아 올 수 있겠나? 그렇게 한다면 다시 이야기해 볼 수 있을 것 같은데?

거기는 추첨 행사용 상품을 많이 배포하니까 모자나 T셔츠 정도는 어떨까요?

부장 좋아. 그럼 교통비는 회사에서 지급해 주지. H 공업 제품은 잘 팔리니까. 그런데 신상품 정보를 받아 오려는 생각은 정말 괜찮았어! 부탁하네.

진짜요? 말씀 드리길 잘했네요. 감사합니다!

새로운 이해의 차이를 발견할 수 있다면, 좀 더 좋은 합의점을 찾을 수 있다.

계속해서 무언가를 요구하는 사람은 다들 싫어합니다. 그러니까 다른 사람에게 부탁을 할 때, 주저하게 되는 것이 보통입니다. 그렇다 보니 '이것도 부탁 드리고 싶지만, 뭔가 마음이 안 좋네요'라는 기분은 누구나 가지게 마련입니다.

그러나 협상인 경우, 자신이 무언가를 부탁하는 대신 상대의 부탁을 들어줌으로써 양자가 동시에 만족하는 것이 원칙입니다. 상대의 '이해'를 만족시켜 주기 때문에 이쪽에서도 자신의 요구 사항을 꺼낼 수 있습니다. 여기서 '요구한다는 것 = 제멋대로 구는 것'이라고 생각해서, 자신의 이해를 만족시키는 것을 사양하면 반대로 상대의 이해를 만족시킬 이유도 없어지고 맙니다.

노교섭 대리도 혹시나 자신을 제멋대로라고 생각하지 않을까 걱정하면서도 자기 생각을 부장에게 말했습니다. 그러나 실은 그 아이디어가 부장에게도 마침 잘된 일이어서, 출장 비용도 발생하고, 휴가 갔다가 업무를 봐야 하는 수고를 해야 하지만, 실행해 보고 싶어진 것이지요. 이런 경우도 노교섭 대리의 '시간을 효과적으로 활용하고 싶다'는 이해와 부장의 '거래처 H 공업의 정보와 추천 행사용 상품이 탐난다'는 이해의 차이가 잘 조화를 이루어 서로가 만족하는 합의점을 찾은 것입니다.

만약 노교섭 대리가 제멋대로라고 여겨질까 봐 두려워서 제안하지 못했더라면 거래처에서 신상품 정보와 추천 행사용 상품 입수가 불가능했을지도 모릅니다. 결심

해서 제안했기 때문에 협상이 가능한 이해 관계가 새롭게 드러난 것입니다. 그 용기 야말로 협상에서 빠뜨릴 수 없는 중요한 요소입니다. 물론 자신에게만 득이 되는 제멋대로를 요구해도, 상대는 기뻐하며 협력해 줄 것입니다.

협상학에서는 이런 상황을 '초超파레토 효율성'이라고 합니다. 이번 장의 예로 말하면 '전화 수신을 할테니 대신 아르바이트생의 임금 인상을 앞당겨 달라'와 같은 이해의 차이를 사용하여 서로가 만족하는 것을 '파레토 효율성Pareto Efficiency'이라고 부릅니다.

그러나 새로운 이해의 차이를 발견할 수 있다면 지금껏 가능하다고 여겼던 파레토 효율성의 한계를 넘어설 수도 있습니다. 이해의 차이를 찾아내는 것은 중요하지만, 사양하지 않고 상식을 깨는 제안을 함으로써 서로에게 좀 더 좋은 합의점을 찾아낼 수 있을지도 모릅니다. 살짝 제멋대로인 것 같아도 어떤 생각이 떠올랐다면 말해 보는 용기도, 협상에서는 필요합니다.

문제를 연기해서 좋을 일은 없다

페스티벌이 가까워 오면서 두근거리는 마음을 숨길 수 없는 노교섭 대리. 일을 하면서도 머릿속에서는 좋아하는 밴드의 곡이 끊임없이 흐릅니다. 그때, 부장이 그를 불렀습니다.

 무슨 일이십니까?

부장 K 씨 임금 인상 건 말이야. 임금 인상은 가능한데, 경리부 에서 3개월 뒤부터나 적용이 가능하다고 하네.

 부장님, 그건 너무 늦는데요.

부장 그러게. 나도 어떻게 좀 해 달라고 여러 번 부탁했는데, 3 개월이 최선이라는 거야. 노교섭 대리가 K 씨한테 이야기 좀 잘 해 주게.

이건 곤란하지요. 페스티벌 하는 일요일에 노교섭 대리 대신 일을 해 주는 대가로 임금 인상을 약속했는데, 3개월 뒤부터나 임금 인상이 가능하다니 그건 너무 늦으니까요. 이 일 때문에 K 씨가 그날 출근을 안 한다면 곤란해지는데, 다른 방법은 생각이 나지 않습니다.

그 일 외에도 일상의 업무가 산적해 있는 터라 노교섭 대리는 '아무리 고민해 봤자 방법이 없으니 좀 더 시간이 지나면 말해야지'라고 생각하고 있습니다. 그러자

 이봐 이봐, 이대로 그냥 시간을 흘려보내도 되는 거야?

 내버려 둬. 며칠 뒤에 만나는데, 그때 말하려고.

 내버려 두라고? 이러다 최악의 상황이 발생하면 어쩌려고 그래?

 최악의 상황?

(여기부터는 노교섭 대리의 상상입니다)

 K, 미안! 지난번 말한 임금 인상 말인데, 3개월 후부터 가능할 것 같아.

K 네? 다음 달부터 올려 주신다고 하셨잖아요? 그럼 이번 일요일 근무는 빠지고 싶은데요.

 아니, 그건 안 돼!

K 임금 인상해 주신다고 해서 다음 달 이후로는 약속도 안잡고 스케줄을 짜놨고, 비싼 물건이랑 여행도 예약해 버렸

단 말이에요. 큰일났네요. 좀 더 빨리 말씀해 주셨으면 이 렇게까지 되지는 않았을 텐데….

 그렇지만 계약 갱신 수속도 아직 안 했고, 언제부터 임금 을 인상해 준다고 서면으로 작성한 적도 없잖아.

K 그런 이야기가 아니잖아요! 저 지금 당장 그만두겠습니다!

(상상 끝)

 정말 그렇네! 가능한 빨리 말하는 게 좋겠어.

 그렇지? 하기 싫다고 미뤄 봤자 실은 좋을 게 하나도 없는 법이거든.

노교섭 대리는 바로 K 씨에게 전화합니다.

 저기, 임금 인상 얘기했던 거 말인데, 사내 절차 문제 때문 에 3개월 후부터 적용이 가능하대.

K 네? 그건 이야기가 다르잖아요?

 미안! 나도 그렇게 늦어질 줄은 몰랐어.

K 돈이 좀 더 필요해서 다음 달 스케줄을 많이 받은 건데, 어쨌든 빨리 전화 주셔서 고맙습니다.

아니야, 일이 이렇게 돼서 정말 미안해. 그래도 다음 15일 근무는 좀 부탁할게.

K 알겠어요. 실은 내일 쇼핑도 가고, 여행 갈 계획도 세우고 있었는데 다 접어야겠네요.

정말 미안하게 됐어. 3개월만 기다려 줘. 임금 인상 계약 갱신 실수 없이 빨리 처리할게.

K 3개월 후에는 꼭 좀 부탁 드립니다.

누구나 '협상'을 어려워합니다. 일이 정해진 대로 진행되고, 계획대로 이익이 나오고, 아무 일 없이 매일 지낼 수 있다면 그것만으로도 충분하니까요. 상대의 이해를 찾고, 'Yes'라고 말해 줄지 어떨지 몰라서 불안해 하고, 그러면서 순차적으로 자신의 요구를 꺼내 놓는 협상은 그것만으로도 굉장한 스트레스입니다. 게다가 상사나 거래처 등 힘든 상대와의 협상은 되도록 피하고 싶지요. 그러나 살아 있는 한 사람들 사이에서 일어나는 문제를 해결하는 일, 즉 협상은 피할 수 없습니다. 그래서 협상할 때 반드시 기억해야 하는 것이 바로 '비용Cost'입니다.

실제 협상에서는 대화뿐만 아니라 약속을 잡고, 사전 조사를 하고, 자료를 작성하는 데 들어가는 '시간 비용'이 있습니다. 그리고 정신적인 스트레스도 비용이라고 볼 수 있습니다. 이러한 거래 준비에 들어가는 비용을 협상학에서는 '거래 비용'이라고 합니다. 만약에 협상으로 얻는 이익보다 이 거래 비용 쪽이 더 크다면 협상을 하지 않는 방법도 고려해 볼 수 있습니다.

그러나 협상을 할지 말지를 두고 고민하는 시간이 길어지다 보면 다른 보이지 않는 비용이 발생합니다. 예를 들면, 이번에 노교섭 대리가 서둘러 연락을 함으로써 아르바이트생 K 씨가 비싼 물품을 사거나 여행 예약을 하지 않을 수 있었습니다. 반대로 노교섭 대리가 전화를 하지 않았더라면, K 씨는 쇼핑이나 여행 계약 해지에 따른

비용을 지불하게 되었을 것입니다. 이같은 손실을 '기회 비용' 손실이라고 합니다. 협상을 미루면 미룰수록 기회 비용 손실은 늘어납니다. 즉, 눈앞의 거래 비용이 아까워서 혹은 귀찮다는 이유로 협상을 미루지 말고, 서서히 늘어 가는 기회 비용을 생각해서 협상을 빨리 시작하는 쪽이 대부분의 경우 정답입니다. 그러기 위해서는 문제를 미루지 않는 습관을 의식적으로 몸에 배게 해야 합니다.

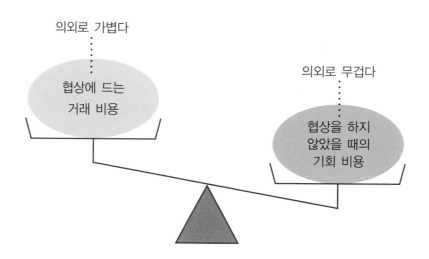

의외로 가볍다

협상에 드는
거래 비용

의외로 무겁다

협상을 하지
않았을 때의
기회 비용

직장 동료는 친구가 아니다

　페스티벌 당일, 노교섭 대리는 쾌청한 하늘 아래서 좋아하는 밴드의 라이브 연주를 들으며 즐길 수 있었습니다. 문제가 발생할 경우 전화로 대응하겠다는 약속을 했지만, K 씨가 완벽하게 대응해 준 덕분에 전화는 걸려 오지 않았습니다. 게다가 출장으로 처리되어 왕복 교통비도 받은 데다 다음날에는 거래처를 방문하여 신상품 정보와 추첨 행사용 상품을 입수했기에 부장과의 약속도 지켰습니다.

　그렇게 주말을 알차게 보내고 회사에 출근한 노교섭 대리. 그런데 한편에서는 걱정이 자꾸만 고개를 듭니다. '내가 어쩌자고 그렇게 속엣말을 다해 버렸지? 아, 이거 어색해서 부장님 얼굴을 어떻게 쳐다보지?' 게다가 갈 때만 해도 '부장님 선물을 하나 사 와야지' 생각했는데, 페스티벌의 여운에 빠져서 그만 빈손으로 오고 말았습니다. 노교섭 대리는 잔뜩 무거운 마음을 안고 출장 보고를 하러 부장에게 갔습니다.

부장　수고했어. 페스티벌은 즐거웠고?

　네, 부장님 덕분입니다! 감사합니다.

부장 H 공업은 잘 갔다 왔어? 추첨 행사용 상품도 받아 왔고? 어때? 좋은 정보 좀 있나?

아, 네. 이번 신상품은 지금까지와는 전혀 다른 소재를 쓰더라고요. 아직 비공개라 어떤 소재인지는 알 수 없지만, 매입할 때 좀 더 주의하는 편이 좋을 것 같습니다. 추첨 행사에 쓸 상품은 넉넉하게 받아 왔습니다.

부장 그래그래, 고생했어!

부장의 기분은 아주 좋아 보였습니다. 하지만 노교섭 대리는 역시 앞으로 부장과의 관계가 자꾸 신경이 쓰였습니다. 그때 아보트가 말을 걸어왔습니다.

노 대리, 휴가는 잘 다녀온 것 같군!

덕분이야! 그런데 부장님께 도를 넘은 발언도 좀 했고, 선물 사 오는 것도 깜빡해서 어색해지지는 않을지 걱정이야.

그래. 부장과 당신의 인간 관계는 살짝 변했을지도 모르지. 하지만 당신이 이번에 휴가를 가지 못해서 스트레스가 쌓여 업무에 문제를 일으키거나, 회사를 그만두거나 하는 일이 생기면 부장에게도 오히려 손해였을 거야.

그건 그래.

 인간 관계를 신경 쓰는 것은 중요하지만, 그것 때문에 일이 잘 안 된다면 이도저도 아닌 게 되는 거야. 자, 이제 생각은 그만하고, 눈앞의 일에 집중합시다!

일을 할 때 중요한 '인간 관계'란? 해설

❶ 실리 ❷ 심리

협상

❸ 프로세스

　　비즈니스를 협상으로 다루면 서로 이해를 주장해야 하므로 인간 관계가 어색해질 수도 있습니다. 그러나 그 '어색함'은 이상적인 '어색함'입니다. 서로 기분이 상하지 않는 것만 생각해서 이해의 차이를 발견하지 못하면 진짜 이해를 만족시킬 수 있는 협상안을 이끌어 내지 못합니다. 물론 비즈니스가 아닌 가족이나 친구라면, 이익이 생기지 않더라도 좋을 수 있습니다. 하지만 비즈니스인 이상, 자신과 상대 모두에게 어떤 이익이 있어야 비로소 인간 관계가 성립합니다. 협상학에서는 '워킹 릴레이션십Working Relationship, 협업 관계'을 중요하게 생각합니다. 이것은 애정은 없더라도 효율적으로 작업이 이루어지는 인간 관계를 의미합니다.

　　물론 인간인 이상 심리적인 측면도 협상에서는 중요합니다. 협상에는 실리, 심리, 프로세스의 세 가지 측면이 있다고 합니다. 이익의 차이로 실리를 얻을 뿐만 아니라, 심리적인 측면에도 영향을 미치고, 협상 진행 방식프로세스에 따라서도 결과가 달라집니다. 3가지 요소 모두 중요하지만, 최종적으로 실리가 없는 협상은 의미가 없다는 것이 제 생각입니다. 심리적으로 좀 압박감이 있다고 해도 거래 비용 이상의 이익을 얼마큼 찾아낼 수 있는가가 협상에 성공하느냐 실패하느냐의 갈림길이 됩니다.

제1장 **정리**

1 상황이 감정적으로 흐르면 협상 실패. 협상하는 상대의 '인물'에게 느끼는 감정보다 해결하지 않으면 안 되는 '문제'를 우선시하자.

2 표면적인 요구성립에만 주목하면 얻는 게 없는 협상이 되어 버린다. 배후에 있는 본심이해을 찾고, 본질적인 대화를 하자.

3 상대와 자신의 이해에 '차이'가 있으면 협상 거래자신은 이것을 하는 대신, 상대에게 저것을 해 달라고 하는를 통해 합의점을 찾는다.

4 새로운 이해가 나타나면, 합의점을 찾는 데 도움이 될 수 있다. '제멋대로라고 생각하지 않을까?'하는 생각이 들더라도 서로를 위해서도 일단 상대에게 제안해 보자.

5 협상에 드는 '거래 비용'준비에 걸리는 시간이나 정신적 스트레스과 협상하지 않았을 때의 '기회 비용'서서히 증가해 가는 이익과 시간의 손실을 비교해 보자. 기본적으로는 빨리 협상하는 것을 추천.

6 협상의 어색함은 이상적인 어색함이다. 비즈니스에서는 효율적으로 작업이 이루어지는 '워킹 릴레이션십'이 중요하다.

제 2 장

BATNA* 활용하기

거래처와의 발주 협상

* BATNA(Best Alternative To a Negotiated Agreement : 대체안)

협상
0

사장의 무리한 지시

휴가 협상을 성공적으로 이끌어 낸 노교섭 대리. 이번에는 사장이 호출했습니다. 좋지 않은 예감을 느끼며 사장실로 향합니다.

사장 노교섭 대리. 최근 업무를 활발하게 잘 수행해 주는 것 같군. 그래서 말인데, 노 대리한테 큰 일을 한 가지 부탁할까 해서 불렀네.

 네!

사장 우리 회사 매장 관리 시스템 있잖아. 그거, 사용법이 너무 어렵다고 생각하지 않나? 인터넷 판매도 일일이 주문 전표에 기표한 다음 입력해서 고쳐야 하고, 데이터 집계 방식이 옛날 식이라서 결국 엑셀을 써서 집계를 다시 해야 한다며? 그거, 귀찮지 않아?

 네, 그렇습니다. 어제도 계산 실수가 있었습니다.

사장 그래서 매장 관리 시스템을 바꿔 보려고 생각 중이네. 지금까지 계속 OS사한테 맡겨 왔으니까, 자네가 거기에 시스템 업데이트를 좀 부탁해 보게. 예산은 5천만 원. 내년 3월에는 도입하는 걸로 일정을 잡고 말야. 잘 부탁하네.

저런! 기본 업무 외에 매장 관리 시스템 업데이트 업무까지 맡아 버렸습니다. 다행히 매장 관리 시스템을 매일 사용하기 때문에 따로 시간을 내서 파악하지 않아도 문제점은 대부분 이해하고 있습니다. 덕분에 OS사에 부탁하고 싶은 내용을 금세 정리해서 담당자에게 메일로 견적의뢰서를 보냈습니다.

그런데 다음날이 되어도 답장이 오지 않자 워낙 느긋한 노교섭 대리도 살짝 불안해졌습니다. '메일이 잘 안 갔나?' 싶어 전화를 했습니다.

어제 메일 보낸 노교섭입니다.

담당자 앗! 답장이 늦어져서 죄송합니다. 의뢰해 주신 건 말씀입니다만, 저희 회사에서는 작업하기 어려울 것 같습니다. 일단 검토를 해 보긴 했습니다만….

 네? 하지만 이전부터 담당해 오지 않으셨습니까?

담당자 그건, 그렇지만…. 그럼 일단 견적을 보내 드리겠습니다.

다음날, 드디어 견적을 보내왔습니다. 그런데 견적 합계 금액이 무려 1억 원. 명확한 예산 초과입니다. 도대체 어떻게 된 일일까요?

다른 옵션을 생각한다

예산액의 두 배나 되는 견적이 와 버렸습니다. 하지만 사장에게서 직접 지시받은 업무인 만큼 어떻게든 방법을 생각해 내야 합니다. 다시 한 번 담당자에게 전화를 해 봅니다.

견적서 잘 받았습니다.

담당자 아닙니다, 늦어져서 죄송합니다. 어떤가요?

 저희 쪽 예산이 좀 타이트해서요. 금액을 조금 조정해 주실 수 있으실까요?

담당자 아이고! 그 금액도 굉장히 줄인 건데요. 이전부터 귀사의 매장 관리 시스템을 담당해 왔기 때문에 저희도 신경 썼습니다.

 아, 어떻게 방법이 없을까요?

담당자 죄송하지만, 방법이 없을 것 같네요. 금액 조정은….

 알겠습니다. 견적서 더 검토해 보겠습니다.

금액 조정은 어려울 것 같고, 어떻게 조금 줄인다고 해도 엄청나게 예산을 초과할 것 같아 별로 의미가 없을 듯합니다. 사장의 무리한 업무 지시를 받아들인 것을 후회하면서 노교섭 대리는 어찌할 바를 모르고 있습니다.

문득 '아보트라면 어떻게 해결할까?'라는 생각이 드는 순간!

불렀어?

응! 맞아, 네가 필요해. 매장 관리 시스템을 업데이트하려는데, 견적이 예산 범위를 넘어서서 협상이 안 되고 있어.

음, 나도 죽 지켜보고 있었는데, 당신은 도대체 협상할 준비가 전혀 되어 있지 않은 것 같아.

협상할 준비?

그래, 준비. 우선 그 회사 말고 다른 회사에 발주할 생각은 해 봤어?

하지만 사장님이 지금까지 거래하던 곳에다 하라고 지시하셨잖아.

사장님이 지시하셨다고는 하지만, 협상을 하려면 다른 옵션은 어떤 것들이 있는지 사전에 생각해 둬야 해. 소위 '대체안', BATNA배트나라고도 하지. 거기 말고도 매장 관리 시스템을 유지/점검/보수해 주는 회사가 있지 않아?

있을지도 모르지만, OS사가 계속 담당해 왔으니까. 다른 회사라면 시스템을 다시 만들겠지?

하지만, 혹시 예산 내에서 만들 수 있지 않을까?

그건 그렇지만, 귀찮잖아?

그렇게 귀찮아 해서는 아무리 시간이 지나도 협상이 안
돼. 협상에서는 정보 수집이 가장 중요하거든.

 알겠어, 알겠다고! 조사해 볼게.

 그리고 다른 회사에 발주하는 거 외에도 또 다른 방법이
있지 않을까?

 음, 지금 당장 하지 말고 1년 정도 연기한다거나?

 거 봐, 그런 대체안은 정말 많다고!

 OS사에 가격을 낮춰 달라고 부탁하는 것도 대체안?

 아니, 그건 대체안이 못 돼. 현 상황에서는 어디까지나 '만
약 OS사에 발주하지 않았을 때, 스스로 무엇이 가능한지'
를 생각하는 거야.

 하지만 왜 꼭 대체안을 생각해야 하는 거지?

 잘 들어. 우선 대체안을 찾고, 여러모로 생각해 본 다음
'이거다!'라고 할 수 있는 한 가지로 좁혀 가는 거야. 그런
다음 상대가 내세우는 조건이 그것보다 좋다면 '예', 아니
면 '아니오' 하고 거절하는 거지.

 그렇다면 상대의 제안을 내가 만든 대체안과 비교해 보고
합의할지 말지를 결정하라는 거야?

 그렇지! 제대로 알아들었군.

협상학에서 매우 중요한 사고방식 가운데 하나로 'BATNA^{배트나}'가 있습니다. "Best Alternative To a Negotiated Agreement"의 앞글자를 따서 BATNA라고 하는데, 이것은 협상이 결렬됐을 때 자신에게 가장 최선인 대체안을 의미합니다.

합의점을 찾으려고 협상을 하면서 한편으로는 결렬을 대비해 대체안을 마련해 둔다는 건 이상한 이야기이긴 하지만, 실은 이 역발상이야말로 합의점을 찾는 비결일 수도 있습니다.

그렇다면 왜 'BATNA'가 필요할까요? 이 장에서 자세히 살펴보겠지만 BATNA에는 여러 가지 활용 방법이 있습니다. 그중에서도 가장 중요한 활용법은 협상 중에 상대가 내놓은 제안을 받아들일지, 받아들이지 않을 것인지를 판단하는 기준으로 BATNA를 쓰는 것입니다.

노교섭 대리는 BATNA를 생각하지 않고 있었습니다. 그런데 다른 회사에 견적을 의뢰했더니 A사가 1억 3천만 원을 제시했다고 가정합시다^{BATNA 1}. 그러면 OS사의 1억 원 쪽이 더 싸므로 합의해도 좋다는 결론이 납니다.

반대로 B사에서 7천만 원을 제시했다고 가정하면^{BATNA 2}, OS사가 가격을 더 낮춰 주지 않는 한 합의해서는 안 됩니다. 이것이 소위 '가격 경쟁'을 시키는 것이지요.

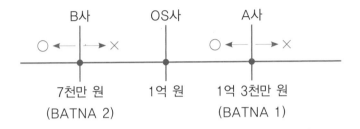

B사	OS사	A사
7천만 원 (BATNA 2)	1억 원	1억 3천만 원 (BATNA 1)

노교섭 대리 회사의 사장은 예산안으로 5천만 원을 제시했습니다. 그러므로 예산을 초과하면 사장은 화를 내겠지만, 그것은 어디까지나 사내 사정이지 협상학에서 고려해야 할 사항은 아닙니다. 협상이 시작되면, 우선 BATNA를 정하고, 다음은 상대가 내놓은 제안을 BATNA와 비교하는 것이 협상력을 몸에 익히는 첫걸음입니다.

노교섭 대리는 아보트의 조언을 듣고 OS사에 발주하지 않을 때의 옵션을 알아보았습니다. 그런데 몇 군데 회사에 연락했지만 모두 타사가 만든 시스템을 업데이트하는 것은 어렵고, 시스템을 처음부터 다시 만들어야 한다는 것이었습니다.

여러 회사가 제시한 안을 살펴보니 가장 싸고 사용하기도 편해 보이는 것이 B사의 견적인데, 7천만 원이 필요했습니다. 가격만 본다면 B사의 견적이 OS사의 견적보다 싸니까 B사에 발주하는 것이 합리적일지도 모릅니다. 하지만 사원들은 모두 현재 매장 관리 시스템에 익숙해져 있어서 새로운 인터페이스에 대한 저항감이 있습니다. '아보트라면 어떻게 해결할까?'라고 생각하던 그때 고맙세도 그가 말을 걸어 옵니다.

 어떻게 대체안은 찾았어?

 일단 찾아봤는데, 시스템을 전부 바꿔야 하니 썩 좋은 대체안은 아닌 것 같아. OS사를 설득할 방법은 없을까?

 마법을 기대하면 안 되지. 나는 어디까지나 합리적인 협상 기술을 가르칠 뿐이야.

OS사는 어떻게 1억 원이라는 견적이 나온 걸까?

 상대의 사정을 알고 싶다면, 상대의 대체안도 생각해 보는 거야.

 상대의 대체안?

 만약 OS사가 당신 회사의 매장 관리 시스템 업데이트를 수주하지 못한다면, 그들은 그 빈 시간 동안 뭘 할까?

 다른 회사 일이라도 하지 않겠어?

 그렇군. 다른 회사가 당신 회사보다 좋은 조건으로 일을 발주했다면, 당신네 회사 일을 받으려고 하지 않겠지. 즉, 그들에게도 대체안이 있는 거야.

 상대의 대체안도 살펴보라는 거야?

 그래, 바로 그 말이야!

 그건 무리지. 타사가 얼마에 발주했는지 그런 걸 알 수 있는 방법이 없잖아?

 물론 금액까지는 알기 어렵겠지. 하지만 바빠 보이는지, 한가해 보이는지 정도는 알 수 있지 않을까? 한가해 보인다면 일을 하고 싶어 할 테니 가격을 낮춰 줄 수도 있고 말이야.

노교섭 대리는 인터넷 포털에서 'OS사'를 검색해 보았습니다. 그러자 전문잡지에서 다룬 최근 기사가 몇 개 떴습니다. 어떤 대규모 외국 자본계 시스템 회사와 협업을 하게 되어 인공지능^AI을 사용한 인터넷 판매 시스템 개발에 뛰어든 모양입니다.

 역시 그랬군. 우리 같은 작은 회사보다도 조건이 좋아 보이네.

 그러니까 1억 원이라는 견적이 나온 거겠지. 상대는 이 AI 일을 담당하는 사원에게 당신네 회사 매장 관리 시스템 업데이트 업무를 맡길지도 모르지. 그렇게 된다면 이 AI 일과 비슷한 정도의 요금을 청구하고 싶어지지 않겠어?

 그럼 OS사에 부탁하는 것은 무리일까?

 상대의 대체안이 이렇게까지 세면, 어쩔 도리가 없지. 이것은 '만약'의 이야기이긴 하지만, 그 외국자본계 시스템 회사와의 협업이 중지돼서 OS사 사람들의 일손이 남아돌게 된다면, 반대로 이쪽이 세게 나갈 수 있는 거지.

 요는, 상대의 대체안이 얼마나 센지에 달린 거군.

앞에서 협상이 결렬됐을 때의 대체안을 BATNA라고 하며, 합의할 때 BATNA를 기준으로 판단을 내리라는 이야기를 했습니다. 그러나 자신의 BATNA만을 생각해서는 충분하지 않으며, 협상 상대의 BATNA도 생각하지 않으면 안 된다는 것이 이번의 포인트입니다.

협상을 할 때는 자신이 BATNA를 가지고 있는 것처럼 협상 상대도 BATNA를 가지고 있다고 생각해야 합니다. 그렇다면 상대가 어떤 BATNA를 가지고 있는지를 알아 둘 필요가 있습니다. 그러나 OS사가 다른 회사로부터 얼마나 많은 일을 수주하고 있는지는 알 수 없습니다. 구체적인 가격까지는 알 수 없겠지만, 다른 회사와의 거래로 얼마나 바쁜지 여부나, 경기가 좋은지 나쁜지 여부는 알아볼 수 있습니다. 이번에 알게 된 사실은 OS사가 꽤 규모가 큰 거래를 성사시켰으므로, 노교섭 대리의 회사 일을 수주하지 않아도 회사가 잘 운영될 것이라는 사실입니다. OS사의 BATNA는 '노교섭 대리의 회사 매장 관리 시스템 업데이트를 받아들이지 않고, 외국자본계 시스템 회사와의 협업에 인원을 배치한다'가 됩니다.

여기서 BATNA에 관한 이해를 돕기 위해 가상의 이야기를 하겠습니다. 노교섭 대리 회사의 BATNA는 7천만 원으로 B사에 발주하는 것입니다. OS사가 같은 작업량의 일을 외국자본계 시스템 회사로부터 수주한 경우, 얼마를 받을 수 있을까요?

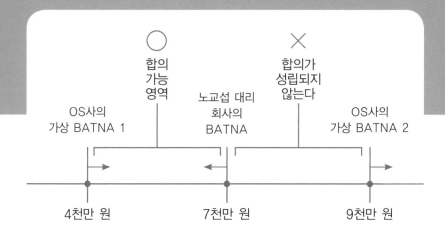

만약 그것이 4천만 원이라고 한다면, 협상의 여지가 있습니다BATNA 1. 노교섭 대리의 회사는 7천만 원 이하로 발주, OS사는 4천만 원 이상으로 수주하고 싶으므로 4~7천만 원 사이에서 합의점을 찾을 수 있을 겁니다.

한편, 만약 같은 작업량에 대해 OS사가 외국자본계 시스템 회사에게서 9천만 원을 받는다고 하면 어떻게 될까요?BATNA 2 노교섭 대리의 회사는 7천만 원 이하로 발주, OS사는 9천만 원 이상으로 수주하고 싶어 하는 상황이 되면, 합의점은 없어집니다. 이러한 경우 아무리 협상을 해도 소용이 없으며, 노교섭 대리의 회사는 B사에 발주할 수밖에 없고, OS사는 외국자본계 시스템 회사와의 협업을 계속해야 합니다.

자신의 BATNA와 상대의 BATNA에 합의점이 존재할 때, 그 폭을 협상학에서는 '합의 가능 영역' 즉 "Zone of Possible Agreement", 생략해서 'ZOPA조파'라고 합니다. 아보트도 도중에서 포기했듯이 만약 합의 가능 영역이 존재하지 않는다면, 협상에 의한 합의는 매우 어렵습니다.

협상 3

BATNA가 없다면, 상대가 원하는 대로 따라 갈 수밖에 없다

OS사에 발주하기는 상당히 어려워 보입니다. 사장에게 보고해야 하겠지만, '무리였습니다'라고 보고하는 것도 마음에 걸려서 노교섭 대리는 될 수 있으면 사장과 마주치지 않으려고 신경을 쓰고 있습니다. 그런데 불운하게도 복도에서 마주치고 말았습니다.

사장 아, 노교섭 대리! 시스템 건은 어떤가?

 그게, 예산의 두 배 가까운 견적이 와 버렸습니다.

사장 어이, 노교섭 대리, 저쪽 회사한테 너무 만만하게 보인 거 아니야?

 아닙니다. 그게, OS사가 다른 대형 프로젝트를 수주한 듯 해서, 저희 발주에 별로 신경을 쓰지 않는 듯합니다. 다른 회사도 살펴보고 있습니다만, 시스템 업데이트가 아니라 아예 시스템을 다시 만들어야 해서 예산을 좀 초과할 것 같습니다.

사장 음, 나는 지금의 매장 관리 시스템이 마음에 드는데, 다른 회사에 부탁해서 시스템 전체를 바꾸는 건 좀 아닌 것 같네.

저도 그 생각을 안 해 본 건 아니지만, 예산이….

사장 자네 생각도 나하고 같군. 그래, 그럼 예산 문제는 자네가 잘 좀 해 보게. 부탁하네, 노 대리!

사장의 막무가내는 여전하군요. 어떻게 하면 합의점을 찾을 수 있을까요? B사로 갈아탄다면 해결 방법이 없는 것도 아닌데, OS사는 경영상 어려움도 없어 보이고, 크게 가격을 깎아 줄 것 같지도 않습니다. 노교섭 대리가 '큰일났군' 하며 한숨을 쉬자 아보트가 말을 걸어 왔습니다.

 정말 큰일이군.

 어쩌지? 절대 불가능해. 이 발주….

 뭐 이번에는 OS사와 이야기를 해 보는 수밖에 다른 방법이 없어 보이는군. 도대체 왜 일이 이렇게 되었는지 한 번 생각해 보자고.

 사장이 지금 시스템을 고집하는 게 문제 아니야?

 왜 그게 문제라고 생각하는 거야?

 대체안을 생각하려고 하지 않잖아. 협상할 생각이 전혀 없어.

당신 꽤 성장했군! 그 말대로야. 하나의 거래처에만 집착하면 대체안이 없으니까 협상이 이루어지지 않지.

하지만 지금의 매장 관리 시스템을 다른 회사가 업데이트해 줄 수 있다면, 대체안은 분명히 있어.

다른 회사가 업데이트할 수 없는 시스템을 만들었을 수도 있잖아?

일부러 다른 회사가 손대지 못하게 만들었거나?

가능성은 있어. 반대로 다른 회사에서도 보수·유지가 가능하도록 시스템을 만들지 않은 건 당신네 회사 책임일 수도 있어.

자, 그럼 이번에는 어디가 합의점이 되는 거야?

현재 사용하는 매장 관리 시스템 업데이트에만 집착하면 대체안을 생각해 낼 수 없으니까, OS사가 말하는 가격에 발주할 수밖에 없어. 새로운 시스템을 도입한다면, 여러 회사가 보수·유지할 수 있는 형태로 발주해야겠지.

결국 현재 매장 관리 시스템에 문제가 있다는 사실을 알면서도 그것을 사장에게 갑자기 보고할 수 없는 노릇이라, 부장과 상담해 보기로 합니다.

이런 문제로, 상당히 곤란한 상황입니다.

부장 정말 골치 아프게 됐군. 지금 시스템을 도입한 것은 자네가 입사하기도 전인데, 시스템에 대해서 잘 모르는 사람이 도입했군. OS사에만 좋은 일 시킨 걸지도 모르겠군.

 한 번 의존하게 되면 빠져나올 수가 없거든요.

부장 노 대리, 우리는 상품을 들여오는 루트를 늘 개척하고 있잖아. 이것도 같은 문제야. 도매를 한 회사에만 의존하는 것과 같은 거지. 다른 옵션을 갖고 있어야 한다는 건 비즈니스의 기본이라고.

모든 일에는 BATNA가 있다

협상학 강의를 하다 보면 '실제로 BATNA 같은 게 없어요'라고 하는 경우가 종종 있습니다. 대체안을 생각하려고 해도 특정 거래처밖에 없거나, 그 거래처와의 거래를 어떻게든 성립시켜야 하기 때문입니다.

그러나 'BATNA가 존재하지 않는' 상황은 이론상 없습니다. 오히려 'BATNA의 조건이 너무 별로라서 고려할 마음조차 들지 않는다. 생각조차 하고 싶지 않다'고 하는 편이 현실에 가깝지 않을까요?

노교섭 대리의 회사는 과거에 매장 관리 시스템을 도입할 때, OS사만 유지·보수가 가능한 시스템을 도입해 버렸기 때문에 다른 회사에 유지·보수를 의뢰할 수 없어서 OS사에 고액을 지불할 수밖에 없는 상황이 되어 버린 것입니다. 지금이라도 누군가가 잘못했다고 책임을 지더라도 방법은 없습니다.

중요한 것은 언제든지 선택할 수 있는 현실적인 BATNA를 항상 준비해 두는 것입니다. IT시스템이라면, 한 회사에만 의존하지 않도록 다른 회사에서도 유지·보수할 수 있는 시스템을 처음부터 설계해 두는 것이 필요하겠지요.

회사에 근무하고 있다면, 언제 사표를 내도 생계를 유지할 수 있는 다른 생계 수단이나 직장을 알아 둘 필요가 있습니다. '자신의 회사에 몸을 바쳐야 한다'는 사원상을 강요하는 회사도 있겠지만, 그것은 '전직'이라고 하는 사원의 BATNA를 앗아가

는 것으로, 사원을 착취하려는 협상 전략이기도 합니다. 이런 회사일수록 전직이라
는 옵션조건이 좋은 BATNA을 찾아 더 좋은 조건을 제시하는 회사로 이직하려는 사원
부터 퇴사하게 됩니다. 반대로 자신의 BATNA를 찾아내려는 노력을 하지 않는다면,
나쁜 조건으로 발주하거나 또는 악덕 기업이 시키는 대로 할 수밖에 없습니다.

협상 4

전혀 뜻밖의 해결책이 있을 수 있다

OS사에 발주하는 것은 절망적이지만, 사장에게 '무리입니다'라고 말할 수는 없습니다. 마음을 다잡아 먹고 OS사에 직접 부탁하러 가 보기로 했습니다. OS사에 도착해 보니 모두가 굉장히 바빠 보입니다. 약속 시간이 되었는데 아무도 나타나지 않고, 10분 정도 기다리자 드디어 담당자가 나타났습니다.

> **담당자** 많이 기다리셨지요? 죄송합니다.
>
> 아닙니다. 많이 바쁘신가 보네요. 저희 회사 매장 관리 시스템 업데이트 말씀입니다만, 어떻게 5천만 원 이내로 부탁드릴 수 없을까요?
>
> **담당자** 그건 어렵습니다. 알고 계실지 모르지만, 저희 회사가 대형 프로젝트를 진행 중이어서 그쪽에 SE^{System Engineer}가 다 붙어 있어서 업데이트 건에는 손을 댈 수가 없습니다.

'어떡하지? 도저히 방법이 없을 것 같은데'라고 노교섭 대리가 포기하려고 할 때, 벽에 붙어 있는 OS사의 새로운 서비스 안내 포스터가 눈에 들어왔습니다.

'매장 관리 클라우드를 시작합니다!'

'이게 혹시?'라는 생각이 들어 담당자에게 물어보았습니다.

 저기, 매장 관리 클라우드가 뭔가요?

담당자 아, 그건 저희 회사가 개발한 새로운 서비스로, 고객별로 시스템을 만드는 것이 아니라, 고객분들이 망을 경유해서 저희 회사의 시스템을 사용하실 수 있게 한 시스템입니다.

노교섭 대리는 회사의 매장 관리 시스템 업데이트를 위해 이 서비스로 갈아타는 것도 괜찮은 방법일 수도 있다는 생각이 들었습니다. 그런데 시스템을 전면적으로 도입하게 된다면 예산이 걱정입니다. 그래서 자세히 포스터를 들여다보았습니다.

'매월 백만 원부터! 여유롭게 예산 범위에 들어오잖아!'

노교섭 대리는 반가운 마음에 담당자에게 물어봅니다.

 매월 백만 원부터라고 되어 있는데, 사실인가요?

담당자 최근에는 서브스크립션Subscription이라고 해서 일괄 지불 방식이 아니라, 서비스에 맞게 매월 요금을 받는 방식이 늘어나고 있습니다.

노교섭 대리도 시스템에 대해서는 잘 모르는 터라 자신의 회사가 시스템을 구축하는 것 이외의 방법은 생각해 보지 않았습니다. 그런데 담당자의 말을 들어 보니 현재 노교섭 대리네 회사의 매장 관리 시스템과 같은 인터페이스라 클라우드 도입도 괜찮을 것 같습니다.

 지금까지 시스템 업데이트를 논의드렸습니다만, 혹시 클라우드로 저희 회사 매장 관리 시스템 문제를 해결할 수 있을까요?

담당자 조건은 달라지겠지만, 검토의 여지는 있을지도 모르겠습니다.

 정말입니까!

담당자를 만나러 오기 전까지 사장에게 어떻게 변명하면 좋을까 생각하고 있던 노교섭 대리는 한 줄기 빛을 만났습니다! 좋은 방향으로 이야기가 진행될 듯합니다.

합의점은 '생각 밖'에 있다

협상을 '자신이 노리는 조건을 획득하는' 것으로 생각하면, 상대에게 그 조건을 얼마나 수용하게 하는지, 혹은 어느 정도 타협할지 하는 식의 관점밖에 갖지 못합니다. 그러나 협상의 목적은 이해를 만족시키는 데 있습니다. 즉 조건이나 수단에 관계없이, 가지고 있는 문제가 해결되기만 하면 되는 것입니다.

노교섭 대리는 OS사에게 매장 관리 시스템 업데이트를 의뢰할 생각만 했습니다. '사장이 말한 조건은 바꿀 수 없으므로 그 조건을 수락하도록 부탁할 수밖에 없어'라고 생각했기 때문에 노교섭 대리는 포기할 수밖에 없었습니다. 자신의 가능성을 스스로 좁혀 버린 것입니다.

그러나 이 세상은 기술이 바뀌면 상식도 바뀝니다. 자신의 생각대로 정해 놓은 조건이 받아들여지지 않더라도, 지금까지 생각지도 못한 전혀 다른 해결책이라면 기쁜 마음으로 수락해 줄지도 모릅니다. 제1장에서 입장과 이해를 구별할 필요성이 있다고 했는데, 본질은 같습니다28쪽 참조. 특정 해결책에 집착하지 말고, 스스로 진짜로 필요로 하는 것이 무엇인지 이해하고, 폭넓게 해결책을 모색하는 것이 합의점을 찾는 요령입니다.

그렇기 때문에 새로운 해결책을 알고 있거나, 항상 계속해서 찾아보는 것도 합의점을 찾을 때 굉장히 중요한 능력이 됩니다.

　　영어로 "think out of the box" 직역하면 '상자 밖에서 생각하라'는 말이 있습니다. 생각에 갇히지 말고, 자유롭게 발상하면 누구나 납득할 수 있는 합의점을 찾을 수 있습니다. 보통과는 전혀 다른 수단을 시험해 볼 용기도 협상에서는 필요합니다.

협상은 그때만 하는 것이 아니다

OS사에 클라우드를 사용하는 매장 관리 시스템을 발주하기로 한 노교섭 대리는 사장에게 보고하러 갔습니다.

 처음에는 현재 매장 관리 시스템을 업데이트하려고 했는데, 예산 내에서는 불가능한 것으로 판명되었습니다. 다른 회사에도 상담해 보았지만 시스템을 다시 만들어야 해서 예산이 더 들어갑니다. 그런데 OS사에 다시 상담하러 갔다가 '매장 관리 클라우드'라는 시스템을 쓰면 매월 유지 비용이 들긴 하지만, 초기 비용도 포함해서 예산 내에서 매장 관리 시스템을 개선할 수 있습니다.

사장 음, 잘했군. 그러고 보니 그 클라우드로 약진하고 있다는 회사, 우연히 지난 주 잡지 기사에서 봤어. 아, '뭉키개발'이라는 회사였어. 엄청 싼 것 같던데. 여기와도 상담을 해 보았나?

 아니오. 하지만 사장님, 지금 시스템이 마음에 드는 거 아니셨어요?

사장 응? 내가 그런 말을 했나? 뭐, OS사도 좋긴 하지만, 거기도 한 번 물어봐 주겠나?

'사람이 고생한 건 생각지도 않고, 아무 말이나 하면 다 되는 줄 아나? 아오, 정말!' 이런 생각으로 원망이 들기도 했지만, 클라우드라는 조건으로는 다른 회사와 비교해 보지 않은 터라 노교섭 대리는 몽키개발과도 상담해 보기로 했습니다. 그러자 굉장히 수완이 좋은 젊은 영업사원이 찾아왔습니다.

몽키   이렇게 연락을 다 주시고, 감사합니다! 저희 회사는 굉장히 자신 있습니다! 누구나 아는 큰 제조사와의 거래 실적도 있고, 게다가 다른 데보다도 저렴합니다!

   저희 회사의 매장 관리 시스템을 귀사에 부탁 드리면 어떻게 되나요?

몽키   셋업 비용은 공짜입니다. 무료인 거죠! 우선은 계약을 해주시면 거기서부터 상담해 드리겠습니다.

   아, 그렇게는 좀. 매월 유지비도 들어가는 거니까.

몽키   그렇군요. 참고로 다른 회사 견적은 얼마 정도였나요?

"삐삐삐삐삐삐삐삐!"
머릿속에서 요란한 '협상 경보'가 울렸습니다.

자, 잠깐 실례합니다. 바로 돌아올게요.

당황해서 화장실로 급히 뛰어간 노교섭 대리는 다시 아보트와 머릿속 대화에 들어갔습니다.

 깜짝 놀랐잖아?

 긴급 사태라 어쩔 수 없었어.

 왜? 몽키개발이라는 회사가 이상해?

 음, OS사의 견적은 절대 알려 줘서는 안 돼.

 엥? 왜? 좀 더 싸게 해 줄 수도 있잖아.

 아니, 그것보다 약간 싼 가격으로 설정하려는 작전이야. 백만 원이라면 90만 원, 2백만 원이라면 190만 원으로 해 주겠다는 거지.

 그건 꽤 괜찮은 거래 아니야?

 거래라는 건 그렇게 간단한 게 아니야. 가격 이외의 조건을 잘 들어 두라고. 표면적으로는 좋은 조건만 말할 테니까.

응접실로 돌아온 노교섭 대리, 아보트가 말한 대로 자세한 조건을 확인합니다.

 다른 회사 견적은 보여 드릴 수 없습니다만, 귀사의 견적은 얼마인가요?

몽키 아, 그건 조건에 따라 다릅니다? 최초 1년은 매월 150만 원인데, 어떠신가요? 셋업 비용은 무료입니다!

 셋업이란, 저희 회사 사원이 매장 관리를 할 수 있는 상태입니까?

몽키 음, 귀사에 꼭 맞는 커스터마이즈Customize : 주문 제작는 별도 견적이 됩니다.

 다른 시스템으로 바꿀 때, 데이터 호환이 되나요?

몽키 그건…. 저희 회사 제품에 무조건 만족하실 테니까.

이런 억지 응답이 계속되자 역시 이상한 느낌이 들어서 그 자리를 서둘러 마무리했습니다. 사장에게 보고했고, 사장 역시 '그 회사는 이상하군' 하고 동의했습니다.

중 · 장기적인 시야로 생각한다

협상을 단기적인 흥정이라고 생각하면 얼마나 싸게, 얼마나 좋은 조건으로 타결하는지에만 집중하게 됩니다. 해외여행 중에 시장에서 특산품을 흥정하는 것은 확실히 단기적인 흥정이라고 생각해도 되겠지요. 하지만 비즈니스 협상인 경우, 정해진 것을 실행으로 옮기는 데에는 몇 년이 걸릴지 모릅니다. 노교섭 대리의 회사도 새로운 시스템을 도입하면, 그 후 몇 년간은 사용해야 합니다.

이해나 BATNA를 검토하여 효율성이 좋고, 될 수 있는 한 좋은 조건으로 합의하는 것도 중요하지만, 동시에 합의한 조건이 장기간에 걸쳐 정말 유익한지를 생각해야만 합니다. 몽키개발은 우선 낮은 가격을 제시하여 계약을 해 버리면, 그 후부터는 가격을 올려 가려는 전략을 가지고 있는 것으로 보입니다. 협상의 심리학에서 '풋 인 더 도어foot in the door'라는 전략입니다. 그러나 그것을 받아들이는 쪽이 먼 미래의 일, 가격 인상, 실현 가능성 등의 리스크를 잘 생각하면 전략에 걸려들 위험은 낮습니다.

OS사는 도입 비용은 확실히 비쌀지 모르지만, 과거 실적도 있고, 장기적인 메리트를 생각하면 몽키개발보다도 신뢰할 수 있는 회사임에는 틀림없습니다. 협상은 눈앞의 이익만을 보지 말고, 이익과 비용을 저울에 달아 가면서 진행해야 합니다.

풋 인 더 도어

'일관된 행동을 하려는' 심리를 이용하여 작은 요구부터 승낙을 받고, 서서히 큰 것으로 가는 테크닉입니다. 이 명칭은 세일즈맨이 방문처가 문을 닫지 않도록 현관에 발을 들여놓고, 상대가 상담을 거부하지 못하도록 하는 동작에서 유래되었습니다.

불안할 때에는 '순응적 관리'와 '조건을 단 합의'를 진행

그래서 OS사와 계약 진행 단계에 들어갔습니다. 하지만 여기서 문제가 발생했습니다. 변덕스러운 사장은 내년도에 조직을 개편하려는 생각을 가지고 있는 것 같습니다. 그렇게 되면 매장 관리 시스템도 업데이트해야 합니다. 그러나 진짜로 조직을 바꿀지 어떨지를 사장도 아직 정하지 못하고 있습니다.

노교섭 대리는 '유연하게 대응할 수 있었으면 좋겠네'라는 사장의 지시를 받았지만, OS사로부터의 제안은 3년 계약이므로 내년도에 다시 변경하면 처음부터 다시 발주해야 해서 트러블의 불씨가 될 듯합니다. OS사 담당자는 신뢰할 수 있는 사람이므로 노교섭 대리는 솔직하게 문제를 설명했습니다.

 죄송합니다. 저희 사장님이 생각이 너무 많으시네요.

담당자 아닙니다. 3년 계약이 장점이 더 많지만, 미래의 불확실한 요소가 많을 것 같으면 1년간의 단기 계약은 어떠실지요?

 그것도 가능한가요?

담당자 물론 3년 계약을 하시는 쪽이 더 좋지만, 귀사의 사정을 생각해 보면 조금 비용이 올라가긴 해도 무리하게 장기 계약을 하지 않는 쪽이 트러블을 피하기 위해서는 좋을 것 같습니다.

감사합니다. 그런데 내년도에 다시 조직 개편이 있을지 어떨지 잘 모르겠습니다. 개편이 없다면 3년 계약을 해 둘걸, 하고 후회할 것 같아서요.

담당자 그럼, 유지 관리는 3년 계약으로 하고, 만약 내년도에 시스템 업데이트가 필요해지면 저희 회사에서 어느 정도의 금액을 받고 업데이트해 드리는 옵션 계약으로 하면 어떨까요?

그렇게 하는 것도 가능한가요?

담당자 이런 류의 시스템은 불확실한 요소가 많기 때문이죠. 저희 회사는 클라이언트사와의 오랜 관계를 생각합니다. 서로 납득이 되는 선에서 서비스를 제공해 드리고 싶습니다.

이렇게 해서 무사히 당초 예산 내에서 매장 관리 시스템 업데이트를 3년 계약으로 진행할 수 있었습니다. 노교섭 대리는 사장 직속 프로젝트를 성공시킴으로써 사내에서 평가가 급상승했습니다.

계약 체결 후 아보트가 말을 걸어 왔습니다.

이봐, 수고했어!

 덕분에 무사히 계약할 수 있었어! 그러고 보니 사장의 변덕 때문에 사양이 변할 수도 있었는데, 옵션 계약을 포함한 3년 계약이 괜찮은 걸까? 3년 동안은 다른 방법이 없는 거잖아.

 대체안을 마련해 둔다고 하는 관점에서 본다면, 장기 계약은 리스크가 있을지도 모르겠군.

 그럼, 그때 조언을 해 줬어야지!

 계약 도중 해약에 대한 조항은 제대로 체크했어?

 아, 그러고 보니 그런 얘기는 안 했네.

 3개월 분의 위약금을 지불하면 도중 해약할 수 있는 계약이었으니까, 3년이라도 괜찮을 거라고 판단한 거잖아.

 그건 그렇지!

 게다가 OS사는 내년도에 사양 변경이 발생할지도 모르니까 옵션 계약을 해 준 거잖아. 불확실한 내용이 있을 때에는 유연성이 있는 계약으로 해 두면 서로 메리트가 있지.

 하지만 OS사는 지금 우리랑 계약을 해 두는 편이 이득이고?

 그렇다면 어쨌든 나중에 문제가 되지. 무리하게 판매를 강요하는 듯한 협상도 있을 수는 있지만, 오랜 관계도 중요한 거니까.

협상이란 '미래'를 위한 것

협상은 과거에 무언가가 일어났는지가 아닌, 미래에 무엇을 할지를 결정하는 것입니다. 누가 얼마나 지불할 것인지, 누가 무엇을 할 것인지 그런 미래의 일을 결정하는 이상 불확실성도 고려해야 합니다. 계약한 사람이 약속을 실행할 수 있는지? 계약을 이행하지 못했을 때 어떻게 보상을 할 것인지? 더러는 미처 상정하지 못한 일이 일어날 수도 있습니다. 지진이나 태풍 등 자연 재해나 아무도 생각하지 못한 대규모 경제 위기 등이 그런 상황입니다. 이럴 때 어떻게 대처하면 좋을까요?

미래에 일어날 일을 약속하는 이상, 협상에서는 그러한 불확실성에 대처하는 것이 필요합니다. 일반적인 계약서에서는 '문제 발생 시에는 상호 협의해서 해결한다'고 하는 취지의 한 줄이 포함되는 경우가 많습니다만, 될 수 있으면 좀 더 구체적인 대응이 바람직합니다. 예를 들면 해외 계약인 경우에는 분쟁이 생겼을 때를 대비해 중재 절차를 기재하는 경우도 많습니다.

이번 매장 관리 시스템 계약에서는 트러블에 대한 걱정은 없었습니다만, 사장이 내년도에 조직을 개편한다면, 시스템 설정을 바꿔야 하는 불확실성이 있었습니다. 여기서 한 가지 해결책은 계약 기간을 짧게 하고, 소규모로 착수해서 계약 내용을 고쳐 가면서 규모를 확대해 가는 방법입니다. 이를 '순응적 관리'라고 하며, 작게 시작하기 때문에 상정 외의 일이 일어나더라도 바로 수정할 수 있습니다. 또는 '조건부

합의'라고 해서 '만약 OO가 일어나면 XX한다'는 조항을 적어 넣는 방법도 있습니다. 이것은 이번 옵션 계약에 해당합니다. 둘 다 어떤 일에 관해서 불확실한 조건이 있다면, 눈을 다른 곳으로 돌리는 것이 아니라 규모를 작게 하거나, 구체적인 대응책을 기재하는 것이 좋습니다.

제2장 **정리**

1
BATBA배트나란 '협상이 결렬됐을 때 필요한 최선의 대체안'을 말함. 이것을 사전에 준비해 두면, 협상 중에 나오는 상대의 제안을 받아들일지 말지 판단하는 기준이 된다.

2
자신에게 BATNA가 있듯이, 상대에게도 BATNA가 있다. 그 두 가지 BATNA 사이에 합의점이 있다. 이 '합의 가능 영역'을 ZOPA조파라고 한다.

3
BATNA가 없으면, 상대가 원하는 대로 될 수밖에 없다. 이 것은 어떤 일에서도 마찬가지다. 현실적인 대체안을 항상 준비해 두면 상대의 작전에 휘말리는 일이 없다.

4
하나의 조건이나 방법밖에 없다고 생각하면 합의점을 찾을 가능성이 좁아진다. 어디까지나 '자신의 이해를 충족시키는 것'을 목적으로 시야를 넓혀 해결책을 찾자.

5
협상은 단기적인 흥정만이 아니다. 특히 비즈니스인 경우에는 중장기적으로 생각하여 타당한 조건인지 아닌지 잘 생각해 두자.

6
합의점을 찾은 후에는 그것이 정말로 현실적인지를 파악해 둘 필요가 있다. 경우에 따라서는 작은 규모로 계약을 하거나, 계약에 단서 조항을 두는 등의 대책이 필요하다.

제 3 장

다자간 협상의 기본은
사내 회의에서의 협상

협상 0 **모두 제멋대로 굴면 이야기가 앞으로 나아가지 않는다**

노교섭 대리가 일하는 아웃도어 용품 판매회사에서는 새로운 매장 관리 시스템을 도입하고 얼마 되지 않아 저가형 엔트리 모델 수요가 높아졌다는 사실을 알았습니다. 그러나 무명 메이커의 엔트리 모델은 가격이 싼 만큼 이익이 적고, 불량품이나 클레임도 많기 때문에 그다지 취급하고 싶지 않습니다.

그런 이유로 초심자용으로 일정한 품질을 확보한 PB^{Private Brand}를 전개하기로 했습니다. 사내 각 부서에서 젊은 사원들을 선발하여 PB개발 팀을 결성했고, 또 사장은 노교섭 대리에게 막무가내로 이 팀의 관리를 맡겼습니다.

그래서 우리 회사에서도 PB를 검토하게 되었습니다. 우선은 각 부서의 의견을 말씀해 보시지요.

경영기획 1 좋은 생각입니다만, 협력 업체에 어느 정도 투자를 해야 하므로 리스크를 누가 맡을지 그것부터 먼저 생각해야 합니다.

아르바이트 초심자 분들은 가격을 중시하므로 이미 시장에 나와 있는 무명 메이커의 초심자용 상품보다 가격을 낮추지 않으면 힘들겠네요.

총무 음, 왜 우리 부서를 부르신 거죠? 법무 담당자가 필요하다고 생각되지만, 왜 제가?

경영기획 2 뭔가 부정적인 이야기가 많은데, 좀 더 긍정적으로 생각해 봅시다. 현 시대에 맞는 상품을 개발할 좋은 기회인 것 같은데요?

총무 부정하려는 게 아니라, 무엇을 하면 좋을지 명확하게 해 주지 않으면 곤란합니다. 다른 일도 있는데….

 아, 그런 말씀 마시고, 잘 좀 부탁드립니다.

경영기획 1 뭐 PB 자체는 좋다고 생각합니다만, 상품을 언제까지 만들어야 할지, 그런 정해져 있는 게 아무것도 없으니까 어떻게 해야 할지 모르겠네요.

우선은 여러분의 의견을 여쭤 보려고 이렇게 회의를 소집한 건데….

총무 의견이라고 해도…. 아, 죄송합니다. 다른 미팅이 있어서 실례합니다.

경영기획 2 아, 저도 이제 나가 봐야 합니다. 실례.

경영기획 1 자, 그럼 저도 여기서.

결국 처음 회의는 모두가 제멋대로 이야기할 뿐 아무 진전이 없었습니다. 이대로라면 PB 출시가 이루어질 것 같지 않습니다. 도대체 어떻게 되는 걸까요?

협상 1 '공통의 인식'으로 끌어올리는 게 먼저다

첫 모임에서는 심각한 사태에 직면했던 노교섭 대리. '이럴 때 왜 아보트는 도와주지 않는 거야?'라며 마음속으로 불평하는 순간 어김없이 아보트가 등장합니다.

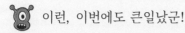 이런, 이번에도 큰일났군!

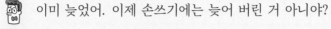 이미 늦었어. 이제 손쓰기에는 늦어 버린 거 아니야?

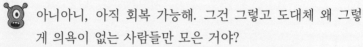 아니아니, 아직 회복 가능해. 그건 그렇고 도대체 왜 그렇게 의욕이 없는 사람들만 모은 거야?

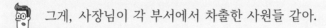 그게, 사장님이 각 부서에서 차출한 사원들 같아.

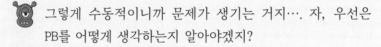 그렇게 수동적이니까 문제가 생기는 거지…. 자, 우선은 PB를 어떻게 생각하는지 알아야겠지?

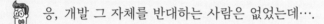 응, 개발 그 자체를 반대하는 사람은 없었는데….

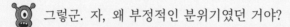 그렇군. 자, 왜 부정적인 분위기였던 거야?

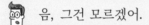 음, 그건 모르겠어.

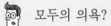 '몰라'라고 하면 어떻게 해! PB 개발을 향해 모두의 의욕을 끌어올렸어야지.

모두의 의욕?

PB 개발에 대해서는 모두 동의하니까 'PB를 모두 함께 만듭시다!'라고 의욕을 불어넣었어야 한다고!

아니, 나도 처음에는 그럴 생각이었어.

그런데 왜 갑자기 '의견을 말씀해 보라'는 식으로 물어본 거야? 그냥이라고 하기에는 다들 바쁘고, 억지로 뽑혀서 모였는데, 갑자기 의견을 물어보면 곤란하지. 다들 '잘 모르는 소리를 하면 귀찮은 일을 떠맡을지도 몰라'라고 생각했을 테니까, 부정적인 의견이 먼저 나오는 거지. 우선은 막연하게 의견을 듣는 게 아니라, 'PB를 시작할 수 있어 즐겁다'거나 'PB를 시작하지 않으면 안 된다'라는 분위기를 만들었어야 해.

 분위기를 만든다고? 나 그런 거 잘못하는데…. 어떻게 하면 돼?

 무슨 일이든 우선 준비부터. 먼저 다들 다시 한 번 모이게 해. 이번엔 모두의 의욕을 올리는 작전을 생각해 보자고.

다음날, 노교섭 대리는 각 부서의 담당 사원에게 직접 부탁하여 모두를 다시 한 번 모이게 하였습니다.

 지난번 회의 때는 제 설명이 부족했습니다. 실은 여기에는 우리 회사의 젊은 핵심 인재들이 모여 있습니다. 우선 우리 회사의 초심자용 상품 매출 경향을 설명드리지요. 현재까지 해 온 것처럼 메이커로부터 초심자용 상품을 받아서 판매하는 것만으로는 클레임

대응 등 일이 더 많아질 뿐 아니라, 이익 증대로도 이어지지 않습니다. 그러나 경쟁사와 비교해 보면 초심자층 확보는 살아남기 위해 꼭 필요합니다. 그렇기 때문에 다른 회사도 앞다투어 PB 상품을 개발하고, 초심자층 흡수를 위해 힘쓰는 것입니다! 경영기획과에서는 PB가 필요하다고 생각하지 않으십니까?

경영기획 1 음, 하지만 지난번에도 말씀드렸듯이 하청에 투자하면 리스크가 있지요?

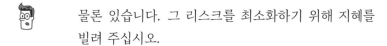 물론 있습니다. 그 리스크를 최소화하기 위해 지혜를 빌려 주십시오.

경영기획 1 음, 그쪽에 대한 지식은 있으니까, 도와드리지요.

감사합니다!

총무 저기, 왜 또 내가 여기 불려 온 거지? '젊은 핵심 인재'로 불리는 건 나쁘지 않지만, 나는 별로 관계가 없는 것 같은데?

총무과로서, 이 멤버로 PB 개발을 시작해도 문제가 없는지만 확인받고 싶었습니다.

총무 뭐, 딱히 문제는 없지만….

잘 알겠습니다. PB 개발에는 찬성을 받았으므로 이후

부터 회의는 될 수 있으면 줄이고, 필요에 따라 각 부서에 협조를 부탁 드리겠습니다.

이후에도 아보트와 연구한 작전대로 노교섭 대리는 계속해서 동의를 얻어 갑니다.

 여러분, PB 개발의 필요성은 다들 납득하셨으리라 생각합니다. 과제는 여러분의 힘을 빌려서 하나하나씩 해결할 수 있을 것으로 생각합니다. 계속해서 잘 부탁 드리겠습니다!

공통의 인식을 만든다

제3장에서는 여러 명의 협상 상대가 있는 회의를 다룹니다. 당초 사장의 지시대로 각 부서에서 차출된 사원들을 소집하여 회의를 시작하였지만, 결국 모두 불만과 걱정만 쏟아내는 통에 프로젝트가 처음부터 좌초될 듯한 상태가 되고 말았습니다. 여러 명의 관계자가 있는 프로젝트를 시작할 때, 처음에는 자신에게 불똥이 튈 것을 우려해서 각자 자기 형편을 강조하면서 리스크를 회피하려고 하기 때문에 부정적인 의견만 나오는 경향이 있습니다.

다시 소집된 회의에서 노교섭 대리는 우선 PB 개발이 회사의 사활이 걸린 업무라는 사실을 설명합니다. 이러한 큰 목적을 가진 프로젝트의 본질적인 의의를 거부하는 사람은 별로 없을 것입니다. 이렇게 우선 누구나 거부할 수 없는 '공통의 인식'을 만드는 것이 중요합니다. 그렇게 하여야 관계자에게 문제를 인식시키고, 문제 해결에 착수할 의욕을 불러 일으킬 수 있습니다.

기업의 조직 개혁 연구에서도 자신의 조직에 문제가 있다는 사실을 사원이 인식하지 않으면, 아무리 해결책을 설명하거나 강요해도 사원의 행동은 변화하지 않는다는 사실은 잘 알려져 있습니다. 그렇기 때문에 처음 회의에서는 문제의 존재이번 경우에는 초심자용 상품 PB 개발 필요성를 모두에게 인식시키는 것이 무엇보다 중요합니다.

또한 불가피하게 부정적인 의견이 나올 수도 있으므로, 그러한 의견을 긍정적으

로 바꾸는 '리프레이밍Reframing'이 중요합니다. 예를 들면, 리스크를 지적하면 '리스크를 최소화하기 위해 협력을!'이라고 바꿔 말하는 것이 리프레이밍입니다. 말은 하기 나름이라는 말도 있습니다. '그 자리의 분위기를 얼마나 자신들에게 좋은 방향으로 이끄는가.' 이것도 협상의 중요한 요소입니다.

리프레이밍

인간은 어떤 것을 볼 때에 일정한 '틀프레임'을 씌워서 봅니다. 예를 들면, 절반 정도 물이 들어 있는 컵을 보고 '절반밖에 없다'고 생각할지, '아직 절반이나 남았다'라고 생각할지는 프레임에 따라 달라집니다.

부정적인 의견을 오히려 긍정적인 '프레임'으로 다시 보는 발언으로 바꿔 주는 기술을 리프레이밍이라고 합니다.

어렵사리 PB개발에 대한 동의는 얻어 냈지만, 앞으로 어떻게 하면 좋을지 도무지 감이 잡히지 않았습니다.

음, 이제부터 어떻게 하면 좋을까?

뭘 고민해? 지난번 회의에서 이미 힌트가 나왔잖아.

뭐? 힌트? 그게 뭔데?

이런! 경영기획 1 사원은 '리스크 최소화'라는 역할을 알고 의욕을 보여 줬잖아? 반대로 총무과 사원은 PB 개발을 승낙했을 뿐이니까 그만큼 의욕도 없었고.

응, 확실히 그랬지.

그러니까 다음으로 네가 생각해야 할 일은 PB 개발을 위해 '누구'의 '어떤' 힘이 필요한지를 정리하는 거야.

'누구'의 '어떤' 힘이 필요한지를 말이지?

다음날, 노교섭 대리는 책상에 앉아 PB 개발에 필요한 인재는 누군지

나름대로 생각해 보기로 했습니다. '고객의 니즈를 반영한 상품을 얼마나 잘 만들 수 있을지'가 PB 개발의 포인트가 될 것 같습니다. 비용을 줄여도 질이 떨어지지 않는 상품을 만들기 위해서는 품질 관리나 협력 회사에 발주도 할 수 있는 사람이 필요합니다. 이 일은 경영기획 1 사원이 할 수 있을 것 같습니다. 경쟁사의 인터넷 판매 동향에 따른 브랜드 출시 방법을 알아야 하는데, 이 일은 경영기획 2 사원이 적임자인 것 같습니다. 총무과 사원은 아무래도 PB 개발 자체에는 직접 참여시킬 필요는 없어 보이므로 가끔 상황을 보고해 두면 좋을 것 같습니다.

이런 느낌으로 프로젝트를 진행시키기 위해 필요한 지식을 가진 사원 명단을 작성해 보았습니다.

노교섭	정리 담당, 판매 현장에 지시
아르바이트	판매 현장, 초심자의 요구를 이해
경영기획 1	품질 관리, 협력 회사 선정 및 발주
경영기획 2	다른 회사와의 차별화, 시장 동향 파악
홍보과(신)	PR · 광고 매출

다음번에는 이 사원들을 모이게 해서 역할 분담도 명확하게 하고, 각 부서의 의향을 고려해 가면서 진행하면 좋을 것 같습니다. 사장이 모은 멤버와는 다른 구성이었지만, 이유를 설명했더니 사장도 받아들였습니다.

1 대 1 협상이라면, 협상 상대가 누구인지 자명합니다. 물건을 팔고 싶다면, 사들이는 사람을 찾으면 되는 일입니다. 하지만 여러 사람과 동시에 하는 협상이라면 누구를 협상 상대로 해야 할는지가 좀처럼 떠오르지 않을 수도 있습니다. 그래서 협상 상대를 진지하게 생각해야 합니다. 물론 회사 임원회의처럼 누가 모이는지가 분명한 회의도 있습니다만, 이번처럼 뭔가 새로운 것을 시작할 때에는 정말 맡은 바 임무를 제대로 해낼 수 있는 사람들을 모으는 것이 굉장히 중요합니다. 이럴 때, 각 부서의 대표가 모이는 정기회의해서 해결하려고 해도, 관심이 없는 사람에게는 쓸데없는 시간 낭비일 뿐이며, 반대로 대표자는 아니지만 오히려 유익한 인물이 참가하지 못할 가능성이 있습니다.

이번 회의를 보면, 당초에는 사장이 '젊은 사원들이 힘 좀 써 달라'고 해서 각 부서에서 사원을 선발했지만, 사실 모든 부서가 관여해야 할 안건은 아닌 것 같습니다. 오히려 PB 개발에 필요한 기술이나 지식을 생각해서 그에 관련된 사원들을 모으는 편이 효율적입니다.

협상학에서는 복잡한 문제를 해결할 때, 반드시 관여해야 하는 사람을 '스테이크홀더Stakeholder'라고 부릅니다. 이 스테이크홀더가 누구인지를 특정하는 것에서부터 회의를 시작하지 않으면, 회의의 효율성이 굉장히 낮아집니다. 저자의 전문 분야인

공공정책 분야에는 굉장히 많은 사람들이 관계하고 있어서 '스테이크홀더 분석'이라는 조사를 수개월에 걸쳐 하는 경우도 있습니다.

예를 들어, 프로야구나 K리그 등 엔터테인먼트로서의 스포츠에서는 어느 팀과 어느 팀이 언제 싸울지 그 조합을 잘 설계하는 일이 팬의 만족을 이끌어 내는 관건입니다. 이른바 '매치 메이크Match Make'라고 하는 것인데, 합의 형성에서도 매치 메이크가 필요합니다. 어떤 사람들을 불러서 협상의 장에서 싸우게 하면 가장 좋은 해결책을 찾을 수 있을지승패를 가르는 것은 아니지만, 그 현장을 만드는 일이야말로 합의를 이끌어 내는 열쇠입니다.

PB 개발을 진행하기 위해 누구와 함께할 것인지 대략적인 목표가 정해졌습니다. 노교섭 대리는 새 멤버인 홍보과 선배에게 PB 개발에 관한 설명을 하러 갑니다.

 제가 PB 개발을 관리하게 되었습니다. 꼭 협력해 주셨으면 합니다.

홍보과 응. 협력하는 건 좋은데, 뭘 하면 되지?

 우선은 회의를 열테니 거기 참석해 주세요.

홍보과 회의는 좋은데, 언제까지 뭘 정하지?

 거기에 대해서도 회의에서 상의드리려고요.

홍보과 그러면 협력을 할 수 있을지 없을지 모르지. 본업도 있고 말야. 네가 진행하는 프로젝트에 협력하기 싫은 건 아니지만….

노교섭 대리는 매장 관리 시스템을 업데이트할 때처럼 우선 협의를 계속하면 합의점을 찾을 수 있을 거라고 생각했지만, 이번에는 다른 모양새입니다. 아보트의 도움으로 PB 스타트에 대한 공통의 인식은 이끌어냈지만, 무언가가 아직 부족한 것 같습니다. '왜 다들 의욕이 없는 거지' 하고 다시 고민이 싹트기 시작합니다.

그건 너의 준비 부족 때문이지. 협상에서는 준비가 중요하다고 했잖아.

음, 준비든 뭐든 아직 협의를 하자고 했을 뿐이잖아?

그 '협의'라는 게 구체적으로 뭐지? 본업 때문에 바쁜 와중에 잘 알지도 못하는 일에 참가하고 싶어 하지 않는 건 자연스러운 일 아냐?

그러니까, 협의를 하지 않으면 다들 조정이 안 되지 않겠어?

자, 언제까지, 뭘 정한다는 거지?

음, 내년 초에 판매 개시니까, 앞으로 9개월 정도 남았네. 그때까지 2개 정도의 주력 상품이 만들어졌으면 하는데.

그럼 내년 초까지 몇 번이나 회의가 더 필요할 것 같아? 각각의 회의에서는 무엇을 정할 거지?

그렇군. 처음에는 역할 분담이나 출시할 상품을 정하고, 두 번째에서는 브랜딩을 해야겠지. 그리고 세 번째에서는 프로토타입Prototype을 개발하고, 네 번째에서는 마케팅, 다섯 번째 때는 상품 테스트, 이런 식으로?

그렇다면 모두가 모일 필요는 없는 거 아냐?

그럴지도…. 내용에 따라서는 관련된 사람들만 모여도 되겠네.

점점 길이 보이기 시작하는군. 지금 생각한 것들을 개요도로 만들어 봐. 그것이 대화의 '지도'가 되는 거니까.

노교섭 대리, 이 개요도를 가지고 홍보과 선배를 찾아가서 다시 설명해 보기로 합니다.

1 역할 분담, 대면 ⟶ **2** 브랜딩, 전략 책정 ⟶ **3** 프로토타입 제작

4 상품 테스트 ⟶ **5** 마케팅 ⟶ **6** 내년 초 판매 개시

홍보과 아, 이런 거였군. 브랜딩과 마케팅 같은 건 과 차원에서 도와줄 수 있는 일들도 많을 것 같아. 알겠어. 참가할게!

감사합니다!

홍보과 노 대리, 자네 업무 수행 능력이 꽤 발전했어!

프로세스 맵이 반드시 필요하다

협상 상대가 하나 또는 한 회사밖에 없을 때에는 서로 일정을 조정해서 만나 문제를 해결하면 합의점을 찾을 수 있습니다. 하지만 여러 관계자와 협력해야 할 때에는 좀처럼 모두가 참가할 수 있는 일정을 잡기가 어렵고, 순서에 맞게 효율적으로 문제 해결을 진행해 나가지 않으면 계획을 수정해야 하거나, 예정된 기간까지 합의점을 찾지 못할 수도 있습니다.

관계자가 많고 문제가 복잡한 경우에는 프로세스 맵Process Maps을 만들어 두면 좋습니다. 앞에서 노교섭 대리가 만든 것처럼 최후의 목표를 달성하기 위한 과정을 지도처럼 단계적으로 설정할 필요가 있습니다. 어쩌면 전원이 모이는 것이 아니라, 옆으로 나란히 서서 동시 병행으로 작업을 진행시킬 수도 있습니다. 이렇게 해서 팀으로 적절하게 역할 분담을 해가면서 목표를 향해 걷기 시작하는 것입니다. 탐험도 지도가 있으니까 걷기 시작하는 거지, '저 산에 보물이 있는 것 같아'라고 해서 아무렇게나 산을 헤치고 들어가면 도중에 골짜기에 빠지거나, 가는 길이 강으로 막히거나 해서 좌절하고 말 것입니다.

그렇다고 해서 노교섭 대리가 계획한 대로 프로젝트가 모두 잘 진행된다는 것은 아닙니다. 협력 회사가 기한까지 프로토타입을 보내 주지 않거나, 예상치 못한 문제가 발생하면 기한은 늦어지고, 그러면 회의를 새로 소집해야 할 수도 있지요. 그렇다

고 해서 애초부터 지도를 만들지 않으면, 매 순간순간 어디로 가야 할지 너무 애매해서 관계자의 협력도 얻을 수 없습니다. 그래서 프로세스 맵을 만드는 것이 최종적인 합의점을 향한 여행의 출발점이 됩니다.

협상 4 곤란하면, 고민하지 말고 우선 기록한다

사전 준비에서 '누가' 참가할지, '무엇'을 어떤 순서대로 의논하면 좋을지에 관한 프로세스 맵을 마련했습니다. PB 프로젝트는 무사히 시작! 처음 얼굴을 마주하는 것은 무사히 종료했고, 참가 멤버 전원에게서 열의가 느껴졌습니다.

두 번째 회의 주제는 PB 브랜딩. PB의 큰 방향성을 정해야 하므로 각자의 의견이 분분한 회의가 되었습니다.

경영기획 1 역시 지금부터는 신뢰가 가장 중요하니까, 예를 들어 시장에서 가장 싸지는 않더라도 신뢰할 수 있는 이미지를 확립해야 합니다.

아르바이트 아니, 무조건 싸지 않으면 아무도 사지 않습니다. 유명 메이커라면 몰라도, 무명 PB라면 가격 승부가 아닐까요?

경영기획 2 일단, 나는 브랜딩이 전문이긴 하지만, '싸지만 단단해서 망가지지 않는, 좋은 것만 두루 갖춘 브랜드'가 필요하다고 생각해. 우리는 역사도 짧고 실적도 없으니까 모든 면에서 능가하지 않으면 안 될 것 같아.

경영기획 1 아니, 역시 제품 질이 높지 않으면, 브랜드는 확립되지 않으니까. 우선은 품질 확보가 우선이지 않을까?

홍보과 품질이 어느 정도 갖춰지지 않으면 홍보 매체에서 PB를 전면에 내세우기는 어렵습니다. 우리는 메이커가 아니니까 이미지를 전면에 내세워 광고를 하더라도 효과가 없을 거예요.

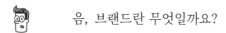 음, 브랜드란 무엇일까요?

경영기획 1 그러니까 역시 품질이야말로 브랜드라니까!

이런 느낌으로 멤버들이 의견을 계속해서 이야기하는데, 노교섭 대리가 문득 시계를 보니 벌써 40분이나 흘렀습니다. 다른 멤버들도 시계를 보고 있었습니다.

경영기획 1 그런데 오늘은 무엇을 정하자는 거였지?

  음. 브랜드의 방향성을 정하고 싶은데요.

홍보과 지금까지 어떤 의견들이 나왔지?

  음. 품질, 홍보 매체, 그리고 가격이요.

경영기획 2 좀 더 정리해 줄래요? 그게 노 대리의 역할이 아닌가?

갑자기 분위기가 나빠졌지만, 이때 늘 그랬듯 도움의 손길이 찾아왔습니다.

 이렇게 될 줄 알았어. 내가 말하는 대로 화이트보드에 써 봐.

노교섭 대리는 아보트의 지시대로 그동안 나온 의견을 화이트보드에 정리합니다.

회의의 목표 | 브랜딩의 방향성을 정한다

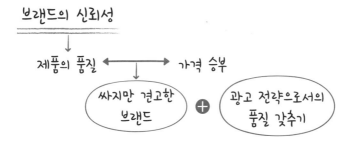

일동 오오오!

 지금까지 나온 의견을 보면 브랜드에 대한 신뢰성, 제품의 품질, 가격, 상품 전개의 폭 등이 필요하다고 생각됩니다. 정리하면, '가격은 낮추면서 품질을 높여 신뢰할 수 있는 브랜드를 구축한다'가 되겠고요.

아르바이트 하지만 고객 입장에서 보면 가격을 중시하지 않을까요?

경영기획 1 아니아니, 당신은 팔리기만 하면 좋을지 모르지만, 불량품 클레임에 대응하는 건 우리거든. 물건도 싼 데다 불량품이 많으면 곤란해.

 그 밸런스가 논점이 되겠네요. 기록해 두겠습니다.

경영기획 2 그러고 보니 노교섭 대리. 모두의 의견을 잘 기억하는군!

 네? 아, 계속 적고 있었습니다.

회의에서 기록의 중요성

1 대 1이 아닌 여러 사람이 모여 하는 회의에서는 다양한 의견이 있으므로 누가 무슨 말을 했는지를 기억하기가 쉽지 않습니다. 아무리 머리가 좋은 사람이라도 모든 의견을 선입관 없이 기억하는 것은 불가능합니다. 대화를 잘하는 사람은 나온 의견을 '기억'이 아닌 '기록'하는 사람입니다. 가지고 있는 메모장에 기록해도 좋지만, 모두가 볼 수 있도록 화이트보드나 흑판, 혹은 A4 용지 등에 기록해 두면 회의 마지막 정리 단계에서 어떤 의견이 나왔는지 전원이 공유해 가면서 정리할 수 있습니다. 이번에는 아보트가 숨어서 몰래 기록해 주었지만, 본래는 노교섭 대리가 의견을 들으면서 모두에게 보이도록 화이트보드에 기록해야 합니다.

또한 기록할 때에는 나온 의견을 그냥 쓰는 것이 아니라 비슷한 의견은 가까운 장소에 쓰거나, 대립하는 의견은 축을 설정해서 좌우로 벌어지게 쓰는 등 기록하는 장소도 연구하면 좀 더 효과가 높아집니다. 하지만 회의 중에 기록을 잘하는 것은 지속적인 연습이 필요합니다. 익숙하지 않은 사람은 우선 나온 의견을 화이트보드 등에 기록해 두는 습관을 들이고, 서서히 자신만의 연구를 통해 잘 표현할 수 있도록 노력합시다. 또한 회의 기록은 되도록 빨리 멤버들과 공유하고, 다음번에 지참하도록 하면 '지난번에 무엇을 결정했는지?'와 같은 일로 쓸데없는 시간을 보내지 않을 수 있습니다.

여러 제조사로부터 복수의 프로토타입을 제안받고, 팀이 모여서 검토하기로 했습니다. 지난번 회의에서 가격과 신뢰성이 균형을 이룬 좋은 제품을 브랜드로 구축하기로 했기 때문에 사양을 바꾼 몇 가지 패턴이 나왔습니다.

사양	A	B	C
가격	비싸다	중간	싸다
디자인	1	2	3
타입	팝	중간	시크

제조사에서 여러 가지 프로토타입을 제안해 왔습니다. 디자인 안도 여러 개 있습니다만, 여러분 의견은 어떠신지요?

경영기획 1 사양은 'A'가 좋은데, 신뢰성이 높은 게 역시 포인트 아닌가? 그리고 초심자용이라면 어린이가 좋아할 만한 디자인이라는 거니까 '1'이 아닐까?

아르바이트 아니요. 'A'는 가격이 너무 비싸요. 유명 메이커의 엔트리 모델보다 비싸지 않습니까? 절대 안 사요, 이건. 가장 팔리기 쉬운 건 틀림없이 'C'입니다. 어쨌든 이 정도 상품은 가격으로 정해지니까요. 디자인은 '1'도 나쁘지 않지만, 어린아이 같은 디자인이라면 해외에서 생산하는 진짜 싼 물건들의 가격을 이길 수 없으니까, 대학생 정도를 노려서 '2'쪽이 좋다고 생각합니다.

경영기획 2 아니, '1'도 '2'도 싸구려 같아. 브랜딩을 생각하면 제대로 된 '3'으로 가야지. 아르바이트 청년이 말한 대로 싸구려 느낌의 상품이면, 인터넷에서 브랜드 없는 해외 제품을 엄청 싼 가격에 팔고 있으니까 가격으로는 이길 수가 없어. 타깃으로 어린이도 잡히는 건 알고 있지만, 차별화하지 않으면 안 되지. 우리 시장은 국내니까 '3'을 딱 우리나라다운 디자인으로 개량하고 싶은데.

  사양은 어떤가요?

경영기획 2 음, 그게 말이지. 중간 정도로 해서 'B'가 좋지 않을까?

아르바이트 'B'로 하더라도 가격이 비싼 게 마음에 걸리네요. 역시 'C'로 해야 할 것 같아요. 이번 제조사들은 충분히 신뢰성도 있고.

홍보과	저희는 상품 전개를 충실하게 하고 싶은데요. 예를 들면 그레이드를 송, 죽, 매 이렇게 3종류로 전개하는 건 어떨까요?
	아, 사이즈 전개는 가능하지만, 사양은 한 종류로 좁히지 않으면 생산이 되지 않는다고 제조사가 말했습니다.

이런 느낌으로 각각 자신의 의견만 말하고 좀처럼 합의점이 도출되지 않았습니다. 1시간 정도 이렇다 저렇다 의견을 나눈 후, 5분 휴식을 갖기로 했습니다. 노교섭 대리는 당황해서 화장실로 달려가 아보트의 의견을 물었습니다.

 전혀 정리가 될 것 같지 않군.

 다들 자기 생각만 말하고. 어떻게 하면 좋을지 모르겠어.

 하지만 모두가 뭘 바라는지는 대략 이해했지?

 응. 아르바이트생은 가격. 경영기획 1 사원은 불량품 회피 우선. 경영기획 2 사원은 브랜드 이미지를 만들고 싶어 하는 것 같아. 그런데 디자인에 관련해서도 다들 이러쿵저러쿵 말이 많으니까 문제가 더 복잡해지네.

그건 네가 모두의 의견을 듣기만 했기 때문이야. 그 덕에 합의점을 찾지 못하는 거라고.

 하지만 그렇다고 의견을 안 들어 줄 수는 없잖아?

 그러니까 아르바이트생은 가격 중시, 경영기획 1 사원은 신뢰성 우선이니까, 중간선에서 사양은 'B', 디자인은 경영기획 2 사원의 의견을 우선해서 '3'으로 하면 좋지 않을까?

 그렇게 하면 다들 납득을 안 하지 않을까?

 아니, 가격도 신뢰성도 균형을 잡지 않으면 앞으로 나아갈 수 없다는 걸 모두 알고 있으니까 어딘가에서 타협을 해야 해. 디자인은 경영기획 2 사원만 확고한 것 같으니, 그 사람 의견을 채용하면 앞으로 갈 수 있는 거야.

 역시! 한 번 해 볼게!

 여러 가지로 생각을 해 봤습니다. 아르바이트 청년, 혹시 'C'로 하면 경영기획 1 사원이 납득할 수 있는 신뢰성이 없을 것 같으니 'B'로 하면 어떨까?

아르바이트 음, 엄청 싼 가격의 물건들과 차별화가 된다면 뭐, 어떻게든 되겠지요?

그럼, 디자인은 경영기획 2 사원이 말씀하셨듯 차별화를 위해 '3'이 좋을 것 같습니다.

경영기획 1 하지만 엔트리 모델이니까 어린이용이 아닌가?

 그렇게 하면 차별화가 되지 않고 가격 승부가 되므로 품질에서도 상당히 타협하지 않으면 안 되게 됩니다.

경영기획 1 불량품이 많으면 이야기가 안 되니까, 어쩔 수 없군.

 그렇죠. 그러니까 'B'안이 좋다고 생각합니다. 'A'라면 역시 판매 현장에서 곤란할 테니까요. 물론, 제조사에게는 초도 물량의 품질 검사를 엄중하게 하도록 신신 당부해 두겠습니다.

이번 협상은 제1장에서 다룬 유급 휴가 내기의 '이해'에 기반한 협상의 응용 편입니다. 의논의 참가자는 각각 신뢰성, 가격, 디자인에 대해 자신의 의견을 말하지만, 실은 각자 가장 관심 있는 논점은 다릅니다. 아르바이트 청년은 가격, 경영기획 1 사원은 신뢰성, 경영기획 2 사원은 브랜드 이미지 확립입니다. 그러므로 각자의 의견 가운데 가장 중시하는 논점에 착안해서 조합하면, 이상적이지 않을지는 모르지만 납득 가능한 합의점을 찾을 가능성이 있습니다. 가격과 신뢰성은 트레이드 오프Trade off가 있으므로 중간을 취하지 않으면 안 됩니다. 디자인은 경영기획 2 사원만 강한 관심을 가지고 있으므로, 그의 의견을 받아들이면 됩니다.

여러 사람이 관여하는 협상에서는 '각자가 중시하는 이해논점가 무엇인지'를 사전에 확인해 두는 것이 합의점을 찾을 때 중요합니다. 그렇지 않으면 여러 가지 논점에 여러 가지 의견이 나와서 수습할 수 없어집니다. 그러므로 회의를 주재하는 사람은 특히 참가자의 이해를 잘 살펴서 사전에 합의점을 몇 가지 상정해 두는 것이 좋습니다. 실은, 참가자를 특정할 때 이미 각각의 이해가 보이게 마련이므로, 회의를 시작하는 시점에서 합의점은 어느 정도 보입니다. 회의 진행이 능숙한 사람은 합의점을 생각하면서 팀 멤버를 선택합니다.

사실에 기반한 이야기를 하자

프로토타입 검토도 순조롭게 진행되고, 저가격 노선을 취하면서도 최저가를 노리지 않고, 양판점으로서의 브랜드 이미지를 해치지 않도록 기본적인 것들은 제대로 갖춘 상품을 제조사와 협의하여 개발하였습니다. 팀 멤버들도 대부분 납득할 수 있는 상품 라인업이 된 것 같아 의욕이 충만해 있습니다. 연말도 가깝고, 슬슬 시판을 향해 마케팅 전략을 세워야 할 시기가 되었습니다. 그래서 팀 전체 회의를 열었습니다.

여러분들 덕분에 드디어 PB 상품 라인업을 갖추었습니다. 판매 담당으로서 비기너 고객분들께 자신 있게 권할 수 있는 상품이 나왔다고 생각합니다. 마지막으로 마케팅 전략을 생각하려는데, 홍보과에서는 어떠신지요?

홍보과 딱 좋은 느낌의 라인업이네요. 이거라면 웹이나 광고에서 전면에 내세워도 좋을 것 같아요.

경영기획 2 요즘 시대에는 입소문으로 좋은 평판이 얼마든지 확산되니까 유명한 사람에게 테스트를 받아서 인터넷이나 잡지에 PR 기사를 뿌려야 하지 않나?

아르바이트 으아, 스텔스 마케팅^{Stealth Marketing}이라니, 다들 알아챌 거예요. 무료로 단골 고객들한테 나눠주고 좋은 점과 나쁜 점을 블로그 같은 데 올려 달라고 합시다.

경영기획 2 개인 블로그라니, 인플루언서^{Influencer}가 아니면 영향력이 없다는 건 마케팅 세계에서는 상식이거든.

아르바이트 하지만 스텔스 마케팅은 악플이 엄청 달리지 않습니까? 이전에도 대형 메이커에서 연예인한테 돈 주고 블로그에 게재해 달라고 한 일이 최근에 밝혀졌잖아요.

경영기획 2 자네는 마케팅에 대해서 아무것도 모르지 않나? 어느 메이커나 인플루언서한테 이것저것 부탁한다고!

아르바이트 우리 회사에서 그런 일을 한다면 우습지 않나요?

 자, 잠깐. 두 분 다 잠시만요.

경영기획 2 너, 아무것도 모르는 주제에 잘난 척하기는?

아르바이트 직접 고객을 만나 판매해 본 적도 없는 사람한테 그런 말 듣고 싶지 않습니다!

 으아아아! 어쩌지?

 이거 큰일이군. 우선, 싸우고 있는 부분에 대해 데이터나 구체적인 이야기는 없는지 물어봐.

우선 정리를 좀 하겠습니다. 유명인에게 테스트를 부탁하는 건 말인데요, 필요 경비는 얼마 정도인가요? 아니면 매출에 어느 정도 도움이 될지, 관련 수치 등을 가지고 계신가요?

경영기획 2 잡지나 웹이랑 제휴를 맺어야 하니까 모든 경비를 포함하면 최저 한 기사당 5백만 원 정도? 판매에 얼마나 도움이 될지에 대한 구체적인 데이터는 갖고 있는 건 없어.

홍보과 솔직히 정량적인 효과는 제각각이죠. 다만, PB브랜드를 제로부터 스타트하는 거라면 대량 출고가 필요합니다. 인지도 향상을 위해 매체에 기사를 싣는 것은 나쁘지 않다고 생각합니다.

아르바이트 하지만 스텔스 마케팅으로 악플이 달리지 않을까요?

 스텔스 마케팅의 리스크는 알겠는데, 악플이 달린 사례로는 구체적으로 무엇이 어떻게 문제였는지, 설명해 주실 수 있을까요?

아르바이트 음, 뒤에서 돈을 건네고, 특정 상품을 블로그에서 소개하는 거죠. 아무리 그래도 안 되지 않나요?

경영기획 1 아무래도 스텔스 마케팅은 위법 요소가 있을 수도 있어요. 제휴를 한다고 해도 우리는 메이커와는 달리 경험이 없으니까, 고문 변호사와 상담해서 진행해야 할 겁니다. 'PR기사' 등의 문구를 어딘가에 표기해야 할 수도 있구요.

그럼, 제휴 기사의 합법성에 대해서는 변호사와 상담해서 확인해 봐야겠군요. 그리고 경비 말인데요, 홍보과 분께서는 몇 가지 매체에게서 견적을 받아서 검토해 보셨는지요?

이렇게 해서 1개월 후에 무사히 PB 상품의 판매가 시작되었습니다. 저가이긴 하지만 신뢰할 수 있는 품질이 담보되어 있다는 점에서 미디어에서도 호의적으로 다루고 있습니다. 판매 데이터에서도 종래의 노브랜드 제품이나 메이커 제품의 엔트리 모델을 대신할 주력 상품이 될 가능성도 보이고 있습니다.

매장 관리 시스템 도입에 이어, 사내의 주요 프로젝트를 차례대로 성공시킨 덕에 '노교섭 대리는 조만간 승진하지 않을까' 하는 소문도 있는 것 같습니다.

여러 사람이 관여하는 미팅에서는 테마를 잘 알지 못하는 사람이 생각나는 대로 말해 버리는 경우가 종종 있습니다. 또한 반대로 자신의 전문 분야라고 의기양양해서 다른 사람의 발언을 차단하거나, 무시하는 태도를 취하는 사람도 있습니다. 복잡한 문제를 해결하기 위한 미팅에서는 경험에 기반한 전문 지식만큼 중요한 것은 없습니다. 개인의 생각이나 안주거리 정도의 지식에 기반해서 중요한 경영 판단을 내려 버리면, 조직의 존치조차 위험에 빠뜨리는 사태가 벌어질 수도 있습니다.

이번 스토리는 이해하기 어려웠을지도 모르지만, '저질 정보'에 관한 다툼이 발단이었습니다. 아르바이트생은 어디서 들어 본 정도의 '스텔스 마케팅'에 관한 지식을 근거로 유명한 사람을 사용하는 마케팅에 반대합니다. 한편, 경영기획 2 사원은 마케팅은 자신이 전문가라는 자부로 '업계의 상식' 등을 운운하며 아르바이트생의 발언을 거부합니다. 하지만 잘 들어 보면 필요 경비나 효과에 관련된 구체적인 데이터는 가지고 있는 것 같지도 않습니다. 또한 스텔스 마케팅의 우려점에 대해서도 아르바이트생은 법률에 관해서는 아무것도 모르고, 전문적인 지식을 가지고 있는 것도 아닌 듯합니다.

그렇기 때문에 문제 해결을 위한 회의에서는 개인의 생각은 될 수 있으면 배제할 필요가 있습니다. 그러기 위해서는 구체적인 데이터나 근거를 의식적으로 확인하는

것이 중요합니다. 또한 이번에 변호사에게 어드바이스를 부탁하기로 한 것처럼 외부의 진짜 전문가의 협력을 구하는 것도 중요합니다. 물론 '그런 건 업계의 상식이다'라는 식으로 근거도 없이 떠들어대는 직원도 있지만, 그런 태도를 취하는 사람은 기본적으로 신뢰할 수 없고, 될 수 있으면 처음부터 팀을 구성할 때 제외하는 것이 좋습니다.

1 어떤 프로젝트를 시작할 때에는 우선 처음으로 '누구도 부정할 수 없는 목적'을 모두에게 인식시키도록 한다. 만약 부정적인 의견이 나온다면 '리프레이밍'으로 긍정적으로 바꿔서 말하자.

2 프로젝트 구성원을 선정할 때에는 역할 분담이 중요한데, 그 관계자를 '스테이크홀더'라고 한다. 멤버가 모이는 장소를 정할 때부터 이미 협상은 시작된 것이다.

3 여러 사람들과 회의를 계속할 때에는 대화의 '지도'인 프로세스 맵이 꼭 필요하다. 그때그때마다 무엇을 결정할지 명확해지면 모이는 멤버를 줄이거나 시간 절약으로 이어진다.

4 사람이 많이 모이는 회의에서는 누가 무엇을 말했는지를 화이트보드 등에 기록해 두자. 기록은 회의 후에 멤버와 공유하여 다음번에 가지고 오도록 하면 회의의 효율화로 이어진다.

5 여러 명의 사람들과 무언가를 결정할 때에는 구성원 각자가 가장 중시하는 논점이해을 파악하여 사전에 합의점을 예측해 두자.

6 합의 형성의 장에서는 개인의 생각이나 정확한 데이터가 없는 저질 정보를 배제하고, 전문 지식이나 구체적인 숫자 등을 중시해야 한다.

저자의 한 마디 1

협상을 잘하기 위해서는?

'협상'을 가르치는 교육은 사실 찾아보기 어렵습니다. 커뮤니케이션 능력을 높이기 위한 연수 등은 협상에도 유효하며, 미시경제학 등도 협상 분석에 굉장히 도움이 됩니다. 하지만 '협상' 그 자체를 특화한 교육은 아쉽지만 찾아보기 힘듭니다.

미국 대학원에서는 협상 관련 강의를 많이 진행합니다. 저도 20년 전에 하버드 대학의 로스쿨에서 협상에 대한 강의를 들은 것이 계기가 되어 지금 이런 책을 쓰고 있습니다. 하버드 대학에서 하는 협상 강의는 1학기 절반은 앉아서 듣는 수업으로, 이 책에서 다루는 BATNA 등의 개념을 다뤘습니다. 남은 반 학기는 모의 협상 연습으로, 클래스메이트와 그룹을 짜서 맡은 역할예를 들면 파는 사람과 사는 사람에 맞는 협상을 연습했습니다. 저도 현재 이러한 강의를 메이지 대학이나 도쿄 대학의 전문직 대학원에서 하고 있습니다.

그런데 강의나 연수를 수강만 해서는 협상력을 높일 수 없습니다. 협상은 자동차 운전과 비슷합니다. 대부분의 운전자는 자동차 운전학원에 가서 면허를 취득하지만, 그 시점에서는 운전자로서의 능력은 상당히 미숙하지요. 초보자 마크를 달고 벌벌 떨면서 운전을 하고, 때로는 차체를 벽에 박아서 찌그러뜨리면서 서서히 운전 능력을 높여 갑니다.

　독자 여러분은 이 책을 읽는 것만으로 협상의 기본적인 사고 방식은 이해할 수 있을 겁니다. 이른바 협상 관련 면허를 딴 것과 같은 거겠죠. 여기서 중요한 것은 이 책에서 배운 내용을 일상생활에서 의식적으로 써 보는 것입니다. 어렵게 면허를 땄으니까 쓰지 않으면 손해입니다 자동차와는 달리 협상에는 돈이 들지도 않고요. 실패하는 게 당연합니다. 우선은 실천해 보십시오. 거기서부터 협상 고수를 향한 첫걸음이 시작됩니다.

　우선은 지금까지 아무것도 생각하지 않았던 일상의 대화를 '협상'이라고 의식해 보시기 바랍니다. 거기서 '자신과 상대의 관점은 무엇인지?' 'BATNA는 무엇인지?'를 항상 생각하는 버릇을 기릅시다.

　어제 만난 과거에 가르쳤던 제자가 'BATNA를 의식하면서부터 상사에게 어처구니없는 일을 당해도 화가 나지 않게 되었다'고 말하더군요. 그 제자처럼 일상생활을 협상하는 것처럼 하면 여러분의 매일도 반드시 변할 것입니다. 우선은 의식적으로 실천해 보시기 바랍니다.

제 **2** 부
프라이빗 협상

제 4 장

모든 대화는 협상이다

연인과 여행 계획 짜기

협상
0
장소도 일정도 정해지지 않는다!

OS사와 협상을 마무리하고 어느 정도 시간이 지난 어느 날, 노교섭 대리는 여자친구 다정해 씨와 식사를 하고 있습니다. 다정해 씨와는 일과 관련된 이벤트를 진행하다 알게 되어 사귀기 시작한 지 아직 1년도 되지 않았지만, 성격이 서로 잘 맞는 것 같습니다. 다만 노교섭 대리가 너무 바쁜 나머지 좀처럼 함께 시간을 보내지 못하는 것이 다정해 씨는 적잖이 불만입니다. 지난번에도 노교섭 대리가 저녁 약속을 깜빡해 버려서 그 벌로 여행을 함께 가기로 했습니다.

그런데 마침 슬슬 여름 휴가철이 다가오니 시기적으로는 딱입니다. 노교섭 대리의 회사에서는 누구나 1주일 정도 휴가를 낼 수 있습니다.

처음에는 별 생각 없었던 노교섭 대리도 다정해 씨와 둘이 처음으로 가는 여행이라 의욕이 생기기 시작했습니다. 오랜만에 다정해 씨와 외식하면서 말을 꺼내 보았습니다.

 저기, 지난번에 얘기했던 여행 건 말인데, 어디로 갈지 정했어?

다정해 우와! 기억하고 있었구나? 나, 가 보고 싶은 해변이 있어! 태국에 있는데, 아직 잘 알려지지 않은 곳이라 보트로밖에는 못 가는 곳이야.

 비경이라. 그런 곳에 관심이 있었군.

다정해 비경이라고는 해도 좀 멀 뿐이지 큰 리조트 호텔이 있고, 물이 투명하고, 다이빙에는 최고인 것 같아!

 정해 씨, 다이빙 같은 것도 해?

다정해 해 본 적은 없지만, 해 보고 싶었어!

 오호, 용기가 대단한 걸!

다정해 그런데 왜 물어본 거야?

 아, 나는 사실 국내를 생각하고 있었거든.

다정해 그래? 모처럼 가는 건데 해외로 가고 싶지 않아?

그렇긴 하지만, 동해안을 드라이브하면서 돈다거나, 그런 걸 생각하고 있었어.

다정해 음. 뭐 그래도 되긴 하지만.

 어, 별로야?

다정해 드라이브가 싫은 건 아니지만, 계속 차를 타고 운전만 해야 하잖아. 매일 여기저기 돌면 피곤할 것 같아.

 뭐 그럴지도 모르지만 여기저기 돌면서 보는 것도 재밌지 않아?

다정해 음….

어쩐지 어색한 분위기가 흐르기 시작했습니다. 지금까지는 함께 있는 시간이 정해져 있었기 때문에 어디로 놀러 갈지, 서로의 의견이 차이가 난 적은 없었지만, 이번에는 여름 휴가 여행을 가는 거라 옵션이 너무 많습니다. 이때 두 사람은 서로가 납득할 수 있는 합의점을 찾아낼 수 있을까요?

협상 1 '되돌릴 수 없는 한마디'에 주의할 것

여름 휴가 여행지를 좀처럼 정하지 못한 노교섭 대리와 다정해 씨. 고민하는 게 귀찮아진 노교섭 대리는 그냥 상대에게 맞춰주려고 합니다.

 그렇게 태국의 비경이 좋으면, 태국도 좋아.

다정해 아니, 그렇게 무리해서 가고 싶은 건 아니니까 동해안으로 가도 돼.

 아니, 태국의 해변도 나쁘지는 않아.

다정해 나쁘지는 않다? 그런 기분이라면 나는 동해안에 가도 완전 괜찮아. 응, 동해안 드라이브로 하자고.

 그럼, 동해안으로 할까? 일정은 8월 셋째 주 어때?

다정해 어쩌지? 그때는 내가 휴가 내기가 어려워. 그 무렵에 내가 담당하는 해수욕 관련 상품을 모아서 판매하거든. 클레임이 들어오는 경우도 있고, 판매 데이터 같은 거 정리해야 하기도 하고.

 그래? 그럼, 앞 또는 뒤 주는 어때?

다정해 음, 8월 중에는 어려워. 9월은 돼야 여유가 좀 있을 것 같아.

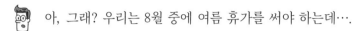 아, 그래? 우리는 8월 중에 여름 휴가를 써야 하는데….

다정해 하지만 내가 여행지 양보했으니까, 시기는 9월로 해 주라.

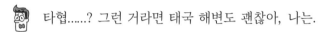 타협……? 그런 거라면 태국 해변도 괜찮아, 나는.

다정해 그런 거라면, 결국 여행을 가지 않아도 되는 거겠네?

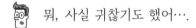 뭐, 사실 귀찮기도 했어….

다정해 역시 귀찮았구나. 이렇게 나랑 이야기하는 것도?

 아니아니, 그런 게 아니라….

상당히 어색한 분위기가 되었습니다. 이대로는 여행 중지는 물론, 헤어지자는 얘기까지 나올지도 모릅니다. 그때 예의 경보가 울립니다.

"삐삐삐삐삐삐삐!"

 으악!

다정해 왜, 무슨 일이야? 괜찮아?

 미안, 너무 많이 마셔서 머리가 아파서. 잠깐 화장실 다녀 올게.

(다시 화장실)

 아, 또 곤란한 것 같은데.

 맞아. 이유를 모르겠어, 정말.

 일단 진정해. 딱히 헤어지고 싶은 건 아니지?

 뭐, 사실 거기까진 생각하고 있지는 않지만….

 자, 진정하고 재협상에 들어가자고!

 협상? 하지만 일이 아니잖아? 여자친구랑 협상하라고?

 맞아. 처음 만났을 때도 말했지만 비즈니스, 프라이빗 상관없이 대화는 다 협상이야. 지금은 여행 계획을 짜고 싶은 거지? 요는 서로가 납득할 수 있는 합의점을 찾는 것이고. 꽤 그럴싸한 협상 건이야. 앞서 말했지만 감정적이 되면 진다. 부장과 협상할 때처럼 냉정하게 해결책을 찾아야 해.

노교섭 대리는 마음을 다시 먹고 다정해 씨가 기다리는 테이블로 갔습니다.

미안, 기다리게 해서.

다정해 괜찮아? 그런데 머리 아픈 거 아니었어?

 아니, 살짝 배에 신호가 온 것 같았어. 그런데 아까는 미안. 여행지도 일정도 내가 너무 예민했어. 우리 다시 생각해 보자.

다정해 8월 셋째 주에 '동해안 드라이브'라고 했지?

 아니, 여행의 목적은 동해안에 가는 게 아니라, 정해 씨랑 함께 즐겁게 여행하는 거니까. 장소나 시간을 될 수 있으면 조정해서 함께 즐길 수 있는 여름 휴가를 보내면 좋겠어.

다정해 하하, 그렇네. 이런 일로 싸워 봤자 해결되는 문제도 아니고. 다시 한 번 생각해 볼까?

이제부터는 비즈니스 협상이 아닌, 프라이빗Private 협상을 다룹니다. '프라이빗 협상'이라고 하면 이혼으로 친자 양육권 다툼을 하거나, 친족 간 유산 분할 소송 같은 것을 상상하기 쉽습니다. 하지만 우리들 대부분은 일상생활에서 합의점을 찾기 위해 자주 협상을 진행합니다.

노교섭 대리와 다정해 씨의 '여름 휴가 여행' 계획도 물론 그런 협상의 하나입니다. 언제 어디로 갈지, 둘에게 최고의 계획은 이상적인 합의점입니다. 그것을 이상적으로 찾기 위해서는 비즈니스 협상과 완전히 같은 방법을 쓸 수 있습니다.

처음에는 가고 싶은 곳이나 시기가 달랐기 때문에 분위기가 묘해져 버렸지만, 그런 차이가 존재하지 않는 커플이란 이 세상에 없지 않을까요? 거기서 감정적이 되어 버리면, 흥분해서 쏘아 붙이는 한마디가 점차 확대되어 결국 관계가 끝나 버리기도 합니다. 이번에는 '여행 가지 말자, 이제 헤어지자' 등이 거기에 해당하겠지요. 그렇다고 해서 상대의 의견만 따라가면 불만이 쌓여 언젠가 폭발할 위험도 있습니다. 비즈니스 협상과 마찬가지로 서로의 의견 차이를 긍정적으로 바꿔서 '같이 즐겼으면 좋겠어'라는 공통 목표를 향해 문제를 해결해 나가는 자세가 지속 가능한 관계를 유지하는 기본입니다.

드디어 노교섭 대리와 다정해 씨의 '협상'이 시작되었습니다. 둘 다 납득할 수 있는 여행지를 찾고 싶습니다. 스마트폰으로 여행지를 함께 검색합니다.

 동해안도 좋을 것 같아. 한려수도도 나쁘지 않아 보이네.

다정해 그렇네, 바다도 예쁘고. 아, 제주도 정보 좀 보여 줘.

 제주도? 응, 알았어.

다정해 앗, 이 리조트가 보고 싶어. 봐봐, 방도 넓고 예쁘고, 전실 오션뷰야!

 음, 뭐 나쁘지는 않네.

다정해 우선 목록에 넣자. 그러고 보니 해외여행 페이지도 보여 줘. 국내만 보지 말고.

 해외?

다정해 안 내켜?

될 수 있으면 국내가 좋아. 아까 동해안 드라이브도 굉장히 좋아 보이지 않아? 여러 가지 회도 먹어 볼 수 있고!

다정해 하지만 일단 해외 정보도 좀 보여 줄래?

 응, 알겠어. 하지만….

다정해 봐, 하와이도 좋을 것 같지 않아? 와이키키는 사람이 많으니까 노스 쇼어 같은 데서 여유롭게 보내고 싶어.

 하지만 여름 휴가 때 하와이는 호텔이 비싸지 않아?

다정해 아참, 그렇겠다. 제주도 정도로 해 두는 게 나을지도.

 하지만 제주도도 동해안도 비슷비슷하잖아. 동해안으로 하지 않을래?

다정해 음, 하지만 내가 해외 포기했잖아. 이번에는 자기가 양보해서 제주도로 해 줘도 좋잖아.

 음, 하지만 뭔가 제주도는 좀 다르니까.

헤어지자는 이야기가 나올 법한 분위기에서 겨우 빠져 나왔는데, 다시 어색한 분위기가 되어 버렸습니다. 다정해 씨도 입을 다물고 고개를 숙인 채 스마트폰만 쳐다보고 있습니다. 노교섭 대리는 '두 사람이 납득할 수 있는 여행지란 존재하지 않는 게 아닌가'라고 포기하고 싶은

심정입니다. 우선 아보트와 상담해야겠다는 생각으로 머릿속에서 불러
내 봅니다.

 이봐, 아보트. 답이 찾아지지 않아. 어떻게 하면 좋을까?

 비즈니스 협상을 할 때 제대로 가르쳐 준 것 같은데, 복습
이 필요한 것 같군.

 뭔가 배웠던가?

 다툼이 있을 때는 우선 '왜' 그런 의견이 나왔는지, 즉 '이
해'를 확인할 것.

 그랬던가?

 바보! 협상의 기본은 요구의 배후에 있는 이해를 확인하는
것. 다정해 씨가 왜 제주도에 가고 싶어 하는지 이유를 들
어 보라고. 너도 왜 동해안이 좋은지 생각해서 거기서부터
정답을 찾아봐.

부장이나 OS사와의 협상 과정을 서서히 떠올려 보는 노교섭 대리.
마음을 고쳐 먹고 다정해 씨에게 물어봅니다.

 정해 씨, 왜 제주도에 가고 싶은지 이유 좀 말해 줄래?

다정해 그게, 바다가 너무 예쁘잖아.

 동해안 바다도 예쁜데?

다정해 그리고 호텔. 리조트에서 여유롭게 쉬고 싶어! 마음껏 늦잠을 자도 되고, 하루 종일 아무것도 안 하고 지낼 수 있으면 좋겠어.

 동해안에도 그런 리조트는 있지 않을까?

다정해 그건 그렇고, 노교섭 대리야말로 왜 동해안을 고집하는 거야?

 나는 드라이브하고, 여러 곳에 다니고 싶고, 현지에 있는 많은 맛집도 가 보고 싶어.

다정해 리조트에서 여유롭게 보내는 건 별로라는 거야?

 그런 건 아니야. 하지만 계속 같은 호텔에 머물면 질리지 않아? 사실 그렇게까지 좋은 호텔이 아니라면 싫을 것 같고.

다정해 아 그렇군. 결국 바다가 예쁘고, 리조트 호텔에서 며칠 머물 수 있고, 드라이브해서 여기저기 돌고, 경치도 좋고, 맛집도 만끽할 수 있으면 좋은 거네?

 맞아맞아. 정리가 잘 됐네. 그런 조건에 맞는 이상적인 여행지를 찾으면 되겠어. 자, 찾아보자!

프라이빗 협상에서는 '입장'과 '이해'를 의식하자

explanation
해설

프라이빗 협상에서 특정 장소, 시간, 어떤 것 등 희망이 다르면 심각한 대립에 빠질 수도 있습니다. 취미나 좋아하는 게 완전히 똑같은 사람과 함께라면 문제될 것이 없겠지만, 현실에서는 그러기가 쉽지 않습니다. 오히려 그 차이를 효과적으로 활용하지 못하기 때문에 납득할 수 있는 합의점을 찾지 못하고, 심각한 감정 대립이 발생합니다.

이번에도 동해안과 제주도라고 하는 바람이 부딪혀 싸한 분위기가 되었습니다. 제1장의 복습이 되는데, 이러한 표면적인 바람을 무엇이라고 부르는지 기억하시나요? 정답은 '입장'입니다. 서로 자신의 입장을 굽히지 않으면 함께 여행을 가는 것은 불가능합니다. 이런 경우 문제를 해결하는 요령은 배후에 있는 이유를 찾는 것입니다. 그러면 이것을 뭐라고 부르는지 기억하시나요? 정답은 '이해'입니다. 다정해 씨는 바다가 보이는 리조트에서 여유롭게 쉬고 싶어 합니다. 노교섭 대리는 드라이브해서 여기저기 돌고, 맛집을 즐기고 싶어 하고요. 이것이 두 사람의 이해입니다. 어려워 보이기는 하지만, 이러한 조건을 모두 만족시켜 주는 여행지를 찾을 수 있다면, 둘 다 납득할 수 있겠지요.

이 세상 다툼의 대부분은 입장 차이에서 시작됩니다. 그것이 점점 커져 감정적으로 흘러 협상조차 불가능할 정도로 사이가 나빠져 버리는 경우도 있습니다. 그렇기 때문에 협상을 잘하는 사람은 입장의 다툼이 될 것 같은 기미가 보이면 초기 단계에서 '왜'를 찾아 이해에 기반하여 문제 해결로 나아갑니다.

제주도와 동해안을 두고 다투던 노교섭 대리와 다정해 씨. 주장의 배경에 있는 이유를 보면 장소 문제로 다투는 것이 아니므로, 두 사람이 하고 싶은 것을 실현시킬 수 있는 장소를 함께 찾기 시작했습니다. 드라이브도 하고 싶고, 리조트에서 여유도 즐기고 싶다는 것이 두 사람의 바람입니다. 그러나 이상을 완벽하게 실현시킬 수 있는 관광지가 그렇게 간단히 찾아질 리가 없습니다. 어딘가 마땅한 곳을 찾으면 서로 연락하기로 하고 헤어졌습니다. 집으로 돌아온 후, 노교섭 대리가 아보트에게 불평을 늘어놓습니다.

 저기 말이지, 이해를 아는 것은 좋았지만 서로의 바람을 충족시킬 수 있는 여행지는 전혀 찾을 수가 없었어.

 그건 둘이서 끈기 있게 찾아보면 좋았잖아.

 하지만 결국 여행지를 찾지 못하면 의미가 없지 않아?

 그렇다면 이해의 우선 순위를 정해 봐. 우선, 너의 이해는 뭐야?

음,

> » 몇 군데를 돈다.

> » 드라이브를 한다.

> » 현지 맛집을 간다.

> » 청결한 호텔에 머문다.

> » 돈이 많이 들지 않는다.

…… 뭐 이 정도?

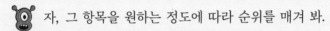 자, 그 항목을 원하는 정도에 따라 순위를 매겨 봐.

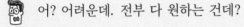 어? 어려운데. 전부 다 원하는 건데?

그렇게 생각 없는 소리만 하면, 결국에는 다정해 씨랑 여행을 못 간다고!

그렇군. 실은 드라이브가 최우선이야. 오랜만에 차 좀 마음껏 타 보고 싶어.

좋아좋아. 자, 여러 장소를 돌지 않아도 되는 거네?

음, 어느 한쪽을 골라야 한다면, 실은 운전하는 게 목적인 것 같기도 하고….

그렇군. 자, 다음에 대화할 때는 포스트잇을 가져가.

포스트잇? 왜?

며칠 후, 노교섭 대리와 다정해 씨는 함께 점심을 합니다. 아보트가 말한 대로 포스트잇을 가방에 넣어 왔고, 아보트의 조언대로 협상을 시작합니다.

 어디 좋은 데 찾았어?

다정해 음, 여기저기 찾아봤는데, 잘 못 찾겠어.

 자 그럼, 이번 여행에서 무엇을 하고 싶은지 일단 정리해 보지 않을래?

다정해 그거 좋은 생각이네. 그런데 어떻게 해?

 여기 포스트잇이 있으니까, 한 장에 한 항목씩 하고 싶은 걸 전부 써 보자.

다정해 알았어! 해 볼게!

두 사람은 주문한 요리가 나올 때까지 가만히 포스트잇에 희망사항을 적어 내려갑니다.

그다음, 가장 하고 싶은 것부터 순위를 매겨서 순서대로 포스트잇을 늘어놔 줬으면 좋겠어.

다정해 으, 어렵다. 하지만 함께 즐겁게 지내는 게 1위야.

 그렇지! 그게 나도 1위!, 그럼 2위는 어떻게 할까?

다정해 그렇군. 역시 리조트 호텔에 계속 머물면 밖에 못 나가겠네.

 괜찮아 괜찮아, 서로 톱 3를 꺼내 보기로 할까?

이렇게 해서 테이블 위에 '하고 싶은 것 톱 3 목록'을 완성했습니다.

다정해 이렇게 하면 어떻게든 계획을 세울 수 있을 것 같아!

 음, 이 다섯 가지를 조합한 계획을 생각해 볼까?

다정해 왠지 재미 있어졌어!

이해가 너무 많을 때에는 우선 순위를 정한다

모든 이해에 초점을 두는 협상이 이상적이지만, 인간의 이해는 복잡하고 경우의 수도 많아서 모두를 동시에 만족시키는 것이 불가능합니다. 현실의 협상에서는 자신과 상대, 각각의 '중요한' 이해에 착안하여 그 차이를 이용합니다.

이번에 노교섭 대리도 다정해 씨도 각자 하고 싶은 것이 많습니다. 그것들을 모두 관철시키려면 따로따로 여행을 하는 수밖에는 없습니다. 하지만 그렇게 되면 본래 목표인 '함께 여름 휴가를 즐긴다'를 실현할 수 없습니다. 거기서 포스트잇을 사용하여 서로 하고 싶은 일 톱 3를 정리함으로써 구체적인 계획을 세우기 쉬워졌습니다.

프라이빗 협상에서 이해의 차이가 존재하는 것을 인정하면 '사이가 나쁘다'는 생각을 할지도 모르지만, 실은 그런 게 아니라, 그 차이를 서로 인정해서 스마트하게 이용할 수 있는 관계야말로 진짜 지속 가능한 '사이 좋은' 관계입니다.

최악의 상황을 생각한다

노교섭 대리와 다정해 씨. 각각 이번 여행에서 우선으로 하고 싶은 것이 명확해졌으므로 이제는 그것을 실현시킬 계획을 구체화하기만 하면 됩니다. 두 사람 모두 정보를 모아서 몇 가지 안을 가져왔습니다. 여행지는 다정해 씨의 희망을 들어주기 위해 제주도로 정하고, 노교섭 대리도 제주도 드라이브와 제주도의 진귀한 먹거리를 즐길 수 있을 것 같습니다.

그런데 여기서 문제가 발생했습니다. 리조트 호텔에 머무는 것 자체는 합의했지만, 어느 정도 고급인 호텔에 숙박할지 의견이 갈려 버렸습니다.

다정해 모처럼 가는 거니까, 이 최고급 호텔로 하자.

 어? 1박에 1인당 20만 원이면 너무 비싸지 않아? 며칠 머물면 돈이 너무 아까울 것 같은데.

다정해 하지만 여기, 방 개수가 적고, 방도 엄청 넓고, 바다가 보이는 수영장에. 봐, 이렇게 아름답잖아?

 음, 그래도 1인당 20만 원은 좀.

다정해 그럼 내가 돈을 더 낼게.

 아니, 돈이 없어서 그러는 게 아니라, 아까우니까 그러지.

 다정해 처음부터 끝까지 여기에만 있는 게 아니라, 2박만 하는 거고. 다른 곳은 조금씩 등급을 낮춰도 되니까.

 아니, 1박에 1인당 20만 원이나 하는 게 나는 납득이 안 가서….

다정해 확실히 비싸긴 하지만, 가끔은 사치를 부려도 되잖아.

 음….

다정해 그렇게까지 싫으면 그냥 나 혼자 갈까?

 아, 미안, 화장실 좀 다녀올게.

어색한 분위기가 되면 우선 화장실로 도망가는 것이 노교섭 대리의 버릇이 되어 버렸습니다. 늘 그랬듯이 아보트를 불러냅니다.

 정해 씨가 또 제멋대로 굴고 있어.

음, 그건 제멋대로가 아니야. 다정해 씨의 이해는 '사치를 부리는 것'이니까.

아무리 그래도 1인당 20만 원은 너무 비싸지 않아?

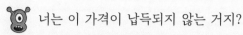 너는 이 가격이 납득되지 않는 거지?

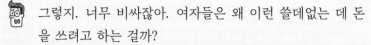 그렇지. 너무 비싸잖아. 여자들은 왜 이런 쓸데없는 데 돈을 쓰려고 하는 걸까?

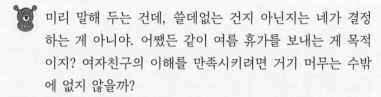 미리 말해 두는 건데, 쓸데없는 건지 아닌지는 네가 결정하는 게 아니야. 어쨌든 같이 여름 휴가를 보내는 게 목적이지? 여자친구의 이해를 만족시키려면 거기 머무는 수밖에 없지 않을까?

하지만 이 호텔을 고집하는 건 '입장'이잖아? 이해에 착안하면 해결되는 것 아닌가?

비슷한 리조트로 좀 더 싼 곳이 있다면 좋겠지만, 당신들이 알아본 것처럼 그런 곳은 존재하지 않아. 포기하는 수밖에 없어.

 뭐?

어쨌든 여기서 타협하지 않으면 다정해 씨, 너랑 여행 가는 거 그만둘지도 몰라. 너의 한심함에 실망해서 헤어지자는 얘기로 전개될 가능성도 있고.

거기까지. 뭔가 시험 당하는 기분이 드는데…?

맞아. 이것은 협상. 협상 결렬의 대체안도 생각해 두라고. OS사와의 협상에서 배우지 않았어?

음, 대체안이라면...... 다른 여자친구를 만드는 것?

 그렇지. 우선 '헤어진다'고 하는 BATNA와 비교해서 이번에 최고급 리조트에서 머무는 것이 타당한지, 판단하는 거지.

 음, 다정해 씨한테 심한 낭비벽이 있다면 헤어져도 상관 없지만, 이번에만 특별히 그러는 것 같고. 그럼, 거기서 머물러도 될까?

마음이 정리된 노교섭 대리, 테이블로 돌아와 밝은 얼굴로 다정해 씨에게 말을 걸었습니다.

 기다리게 해서 미안. 아니, 여러 가지 생각해 봤는데, 그 리조트에서 2박 하는 것도 좋을 것 같아. 모처럼이니까 돈 좀 쓰는 것도 좋지. 이랬다 저랬다 해서 미안.

다정해 고마워! 여기, 느낌 괜찮지? 빨리 예약할까?

 응, 그렇네. 그래도 다른 숙박시설은 좀 절약하자고.

다정해 당연하지! 나도 그렇게 돈 많이 없어. 그냥, 교섭 씨랑 처음으로 여행 가는 거니까, 특별한 곳에 머물고 싶어서.

 아, 그랬구나. 진짜 특별하네!

BATNA는 어디까지나 '판단 기준'

비즈니스 협상에서는 대체안을 가지고 있지 않으면 상대에게 수를 들키게 되어 굉장히 나쁜 조건이라도 받아들이지 않으면 안 되는 상황에 빠질 수 있습니다63쪽 참조. 협상을 시작하기 전에 대체안을 잘 살펴보고, 가장 좋아 보이는 대체안을 BATNA로 체크해 둠으로써 무리한 난제를 떠안을 위험을 줄이고, 반대로 상대에게 강한 요구를 할 수도 있습니다.

그러나 프라이빗 협상에서는 대체안을 생각하는 것 자체가 좋지 않다고 여겨집니다. 확실히 사귀는 상대가 있는데, 다른 파트너 후보와 항상 비교하는 사람은 아무리 그렇다고 하더라도 너무하다 싶지요. 그렇다고 해서 합의점이 찾아지지 않을 때, 협상이 '결렬'된다면 어떻게 될지 BATAN와 비교함으로써 자신을 납득시킬 수 있을지도 모릅니다.

이번에 노교섭 대리는 1박에 1인당 20만 원이라는 금액을 납득할 수 없었습니다. 하지만 동의하지 않으면 다정해 씨가 어떤 반응을 보일지, 그 결과 자신이 어떤 상황에 빠질지를 생각해 두면 20만 원을 지불하는 쪽이 더 낫다는 판단을 내릴 수 있었습니다. '아무리 해도 납득이 안 돼'라고 생각만 하면 사실 정보에 기반하지 않는 감정적인 판단에 빠지고 맙니다. 아무리 사생활이라고 해도 BATNA를 상정함으로써 찰나의 판단을 회피할 수 있을 것입니다.

뭐든지 상대에게 맞추는 것이 정답이라고는 할 수 없다

일정 조정도 잘되어 노교섭 대리와 다정해 씨의 제주도 여행 계획이 정해졌습니다. 항공권과 호텔 예약도 끝났고, 이제는 머무는 동안 무엇을 할지를 생각하면 됩니다. 늘 만나는 커피숍에서 상의를 시작했습니다.

 뭔가 좋은 거 찾았어?

다정해 체험 다이빙 같은 건 어때!

 다이빙?

다정해 모처럼 제주도에 가는 거니까 바다 속을 봐 줘야지.

 아, 그렇구나.

지난번 1박에 1인당 20만 원 하는 리조트에 숙박하는 것을 승낙한 노교섭 대리는 이번 여행은 다정해 씨의 페이스에 맞출 계획인 것 같습니다. 그런데 실은 노교섭 대리는 수영을 전혀 못합니다. 그래도 '체험이고, 강사가 곁에 있고, 산소통도 있으니까 어떻게든 되겠지' 하고 커피숍에 있는 동안에는 수영을 하지 못한다는 사실을 말하지 않았습니다.

그런데 집으로 돌아와서 체험 다이빙을 검색해 보니 역시 전혀 수영을 하지 못한나면 조금 문제가 될 것 같았습니다. '여름까지 특별 훈련을 하는 수밖에' 그렇게 생각하는데 아보트의 목소리가 들려왔습니다.

 저기, 너는 수영도 못하면서 다이빙을 하려고?

 정해 씨가 하고 싶어 하잖아.

 진짜 그럴까? 자, 유급 휴가 내기 협상 때처럼 최악의 상황을 생각해 봐.

 최악의 사태?

(여기부터 노교섭 대리의 상상입니다)

제주도의 아름다운 바다. 나와 정해 씨, 강사 이렇게 세 사람이 있다. 세 명 모두 물에 들어가기로 했지만, 나만 무서워서 좀처럼 잠수가 되지 않는다. 결국에는 레귤레이터를 입에서 놓쳐 버려 물에 빠져 허우적거리고, 강사는 내 옆에 딱 붙어 있다. 정해 씨는 아무것도 못하게 되어 기가 막힌 표정으로 화를 낸다. '수영을 못하면 빨리 말해 줬어야지!' 하고 투덜대면서….

(상상 끝)

으아, 역시 안 되겠어. 어떡하지?

 그렇다면 빨리 다정해 씨에게 '수영을 못한다'고 말해.

 하지만 리조트 호텔 건도 포기할 수밖에 없었잖아? 이번에도 그렇지 않을까?

 이번에는 이야기가 다르지. 네가 무리를 하면 다정해 씨에게까지 민폐를 끼칠 수도 있단 말이야.

 그건 그렇지만, 될 수 있으면 정해 씨한테 맞춰 줘야 하는 거 아니었어?

 무리해서 맞춰 주기만 하면 트러블이 생기거나, 서로 불행해지기도 해. 서로 같이 주장을 해야 그게 합의지. 결국 제주도에 가기로 한 것도 서로의 이해에 착안했기 때문 아니야? 다정해 씨에게 처음부터 맞춰 주기만 했다면 지금쯤 아마 태국에 가서 비경을 보는 걸로 결정돼 있을 걸?

 음. 그건 그래.

 서둘러. 예약하기 전에 '역시 무리'라고 솔직하게 말해.

　최악의 사태를 상상해 보니 역시 무서워진 노교섭 대리. 다음날 다정해 씨에게 전화를 합니다.

다정해 무슨 일이야?

 실은 다이빙 말인데, 나 수영 못해. 25미터도 헤엄 못 치는 수준.

다정해 뭐? 그렇게 못해? 아, 미안. 그럼 다이빙은 안 하는 게 좋겠어!

 괜찮겠어?

다정해 괜찮아. 무리해서 같이 가 주는 것도 미안하고. 나는 예쁜 바다 속이 보고 싶었을 뿐이니까, 스노우클링으로 할까? 구명조끼 입고 둥둥 떠다니기만 하면 되니까 안심이잖아. 그건 그렇고, 빨리 말해 줬으면 좋았을걸!

 아니, 정해 씨가 다이빙하고 싶어 하는데, 좀 미안해서. 그리고 수영 못한다는 게 좀 멋없어 보이잖아.

다정해 이제 와서 멋진 척 안 해도 되는데. 그래도 말해 줘서 고마워! 슬슬 예약 전화하려고 했거든. 자, 스노우클링하는 걸로 결정이야.

친한 사이야말로 상대에게 자신의 이해를 확실히 보여 준다

협상학 연구에서 '서로를 위하고 사랑하는 커플은 협상을 잘 못한다'라는 결과가 나왔습니다. 왜 그런가 하면, 상대에게 맞추는 것만 생각해서, 자신의 이해를 주장하려고 하지 않기 때문입니다. 이상적인 협상에서는 서로의 이해를 명확히 하고, 이해의 차이를 이용하여야 쌍방이 보다 만족스러운 해결책을 찾을 수 있습니다. 하지만 서로 자신의 이익을 아예 말조차 하지 않으면, 결국 각각이 무엇을 하고 싶은지 알지 못한 채 경우에 따라서는 둘 다 만족하지 않는 상황에 빠져 버릴 수도 있습니다.

이번에 노교섭 대리는 다정해 씨에게 맞추기 위해 자신의 이해를 숨기려 했지만, 무리해서 다이빙을 했더라면 결국 둘 다 곤란해졌을 것입니다. 다정해 씨도 딱히 다이빙을 고집하는 것 같진 않고, 스노클링도 괜찮다고 생각하는 듯합니다. 노교섭 대리가 '다이빙하고 싶지 않다'고 하는 이해를 명확하게 함으로써 비로소 두 사람에게 이상적인 해결책을 찾을 수 있었습니다.

물론 1박에 1인당 20만 원하는 리조트를 거절하지 못한 것처럼 BATNA와 비교한 후에 조건을 받아들여야만 하는 경우도 있습니다. 하지만 자신의 이해를 상대에게 제대로 전달하여야 서로가 납득할 수 있는 합의점을 찾을 수 있다는 사실도 잊어서는 안 됩니다.

협상 6 선례에 휩쓸리지 않는다

드디어 제주도로 떠나는 아침입니다. 김포공항을 출발해 기분 좋게 비행하면서 기내에 비치된 제주도 관광 팜플렛을 훑어보던 다정해 씨가 말을 건넵니다.

다정해 저기, 제주 국제공항에서 출발하여 신창풍차 해안도로를 경유하여 싱계물공원에 가는 길 알아?

응? 그런 도로가 있었나?

다정해 '탁 트인 바다를 끼고 상쾌하게 달릴 수 있는 드라이브 코스'로 유명해.

음, 어디어디? 와, 멋지다! 계획에는 없지만 수족관 가는 길에 들를 수 있을 것 같은데 가 볼까?

다정해 응, 탁 트인 바다를 끼고 달릴 수 있는 곳이라니 가 보자.

그렇게 해서 드라이브 계획을 조금 변경하여 싱계물공원에도 들르기로 했습니다. 노교섭 대리의 이번 여행의 목적 중 하나는 드라이브였으므로, 조금 돌아가는 정도는 크게 신경 쓰이지 않았습니다.

그러나 드라이브를 예정한 날 큰 비가 내렸습니다. 비 오는 날의 자동차 운전에 익숙하지 않은 노교섭 대리는 떨렸습니다. 제주아쿠아플라넷 수족관에 갔습니다. 물고기를 아주 좋아하는 다정해 씨는 굉장히 좋아했습니다. 당초 계획보다도 꽤 시간이 초과되었지만, 다정해 씨가 눈을 반짝이며 물범이나 다기상어가 유유히 헤엄치는 수족관을 바라보는 것을 보고 있자니 노교섭 대리도 행복한 기분이 들었습니다. 그런데 수족관 관람을 마치자 리조트 호텔에 체크인할 시간이 되었습니다. 그런데 신창풍차 해안도로 드라이브도 해야 합니다.

 자, 지금부터 신창풍차 해안도로 드라이브네.

다정해 그렇네. '탁 트인 바다를 끼고 달릴 수 있는 곳'이라고 하니 안 가면 안 되겠지?

하지만 그 후의 드라이브는 끔찍한 일이 되고 말았습니다. '신창풍차 해안도로에서 바라보는 바다가 아름답다'고 되어 있었지만, 비가 차창을 강하게 때리는 통에 바깥 경치는 거의 보이지 않았습니다. 바다 풍경을 보러 갔지만, 바다가 탁해져 있어서 기대했던 경치는 아니었습니다. 결국 밤에 리조트 호텔에 도착했고, 저녁 식사를 예약한 터라 서둘러 옷을 갈아 입고 레스토랑으로 향했습니다.

으아, 진짜, 오늘 신창풍차 해안도로 드라이브는 실패였네.

다정해 미안. 기내에서 그런 걸 보지 않았으면 좋았을 것을.

 아니아니, 어쩔 수 없지. 날씨가 좋았다면 굉장히 예쁜 바다였을 거고, 드라이브하고 싶어 한 건 나니까.

다정해 하지만 수족관은 진짜 재미 있었어!

 좋았어! 수족관만 보고 바로 체크인했으면 좋았을 텐데.

다정해 그러게. 왜 무리해서 갔을까? 아마 '탁 트인 바다를 끼고 달릴 수 있는' 문구 때문에 그랬을지도….

 나도 비가 너무 많이 왔을 때 운전을 빨리 그만했으면 좋았을 텐데. 같이 가자고 해서 미안해.

다정해 아니야, 정말 괜찮아. 서로 실패도 있지만, 이렇게 함께 할 수 있어서 좋은 거 아니야? 봐, 샴페인 왔어. 건배하자!

세간의 평판보다는 자신의 이해를 우선시하자

explanation
해설

마침내 두 사람은 제주도에 왔습니다. 지금까지 우여곡절이 있었지만 해피엔딩이어서 정말 다행이네요. 이번에는 노교섭 대리와 다정해 씨 사이의 협상이라기보다는 오히려 선례에 휩쓸리는 위험, 정보 과잉 등을 생각해 봐야 할 시점입니다.

제주도는 경치가 굉장히 아름다운 섬이니까 연인들에게 인기가 많은 것도 당연하지요. 하지만 제주도의 매력은 노교섭 대리와 다정해 씨의 '이해'에 일치하는 걸까요? 노교섭 대리는 드라이브를 하고 싶다는 점에서 좋은 옵션이었을지도 모릅니다. 그러나 다정해 씨에게는 일부러 드라이브 코스를 가지 않아도 되었을지 모릅니다. 리조트 호텔에서 여유롭게 머무는 것이 다정해 씨가 바라는 중요한 이해였으므로, 그것을 희생해 가면서까지 갈 필요는 없었던 것입니다. 오히려 '연인'으로서 처음 함께하는 여행이었으니까 팜플렛에 적힌 광고 문구에 마음이 흔들린 것 같습니다.

우리는 '다른 사람들이 다들 가니까, 평들이 좋으니까'라는 이유만으로 여행지나 레스토랑을 고르는 경우가 있습니다. 의사 결정을 위한 추론 방법^{발견법}으로써 틀렸다고는 말할 수 없지만, 결국 그것을 선택함으로써 자신의 이해를 만족시킬지 아닐지를 잘 생각해 볼 필요가 있습니다. '평판을 믿었지만 나에게는 맞지 않았다'는 경우는 충분히 있을 수 있습니다.

또한 날씨가 좋았다면 신창풍차 해안도로 드라이브에 둘 다 만족했을지도 모르지

만, 비가 많이 와서 수족관 체류 시간이 늘었다면 중지하자는 옵션도 있을 수 있었습니다. 그럼에도 불구하고 가 버린 것은 '약속 이행'이라는 심리적인 문제 때문입니다. 이것은 한 번 정한 것을 덮어 버리는 데에 스트레스를 느끼고, 중지하는 데 드는 시간이나 비용매몰비용, Sunk Cost을 아깝게 여기는 심리 현상입니다. 그런 기분이 영향을 미쳐서 그만두어도 될 일을 그만두지 못하는 상황에 빠지는 것은 현실에서 자주 일어나는 일입니다. 그런 심리적인 함정이 있는 것을 인식하고, 정보 과잉 위험에 빠지지 않도록 항상 주의할 필요가 있습니다.

하지만 노교섭 대리와 다정해 씨는 좀 더 서로에게 말을 했어도 괜찮았겠다는 생각이 드네요.

제 4 장 **정 리**

1 비즈니스 협상이든, 프라이빗 협상이든 목적이 있는 대화는 모든 것이 협상이다. 감정적이 되어 '되돌릴 수 없는 한 마디'를 입에 담지 않도록 냉정하게 대화하자.

2 다툼의 대부분은 입장 차이에서 생긴다. 프라이빗 협상이야말로 배후에 있는 이해를 찾아 의식적으로 본질적인 대화를 할 수 있도록 노력해야 한다.

3 이해가 너무 많을 때에는 모두 적어서 우선 순위를 매기자. 그리고 서로의 우선 순위가 높은 것끼리 맞춰 보자. 이해의 차이를 살려서 맞추는 것이 진정으로 '사이 좋은' 관계.

4 프라이빗한 관계에서도 BATNA를 의식함으로써 감정적으로 되지 않으면서, 자신이 납득할 수 있는 판단을 할 수 있다.

5 친한 사이야말로 상대에게 무리해서 맞추지만 말고, 서로의 이해를 명확하게 해야 한다. 그렇게 해야 비로소 서로가 만족할 수 있는 합의점을 찾을 수 있다.

6 무언가를 선택할 때에는 '그것이 자신의 이해를 만족시키는지 어떤지'를 먼저 생각해 보자. 세간의 평판이나 심리적인 함정에 빠지지 않도록 주의하자.

제 5 장

올바른 흥정 진행법

이삿짐센터와의 가격 협상

협상 0 **어느 업체에 맡길까**

다정해 씨와 제주도 여행을 만끽한 노교섭 대리. 여행 중 노교섭 대리의 이사가 화두에 올랐습니다. 노교섭 대리는 학교 다닐 때부터 지금까지 계속 낡은 빌라에서 살고 있습니다. 남자 혼자라면 괜찮지만, 연애를 시작하니 다정해 씨의 집과 거리가 너무 멀어서 여러 가지로 불편합니다. 그렇다고 해서 서로 '동거는 아직은 빠르지 않나?' 하는 느낌이어서 다정해 씨 집 근처에 있는 작고 깨끗한 아파트 한 채를 빌리기로 했습니다.

우와, 좋은 집이 있어서 다행이야!

다정해 그런데 이사는 어떻게 할 거야?

 아, 그렇군. 트럭을 빌릴까? 정해 씨도 좀 도와줄래?

다정해 무슨 소리 하는 거야? 대학생도 아니고, 이삿짐센터를 불러. 나도 그렇게까지 한가하진 않다고.

혼자서 트럭을 빌려 이사하는 것은 힘든 일이고, 친구에게 부탁하려고 해도 노교섭 대리는 평일에 쉬기 때문에 일정 조정이 어려울 것 같습니다. 역시 이삿짐센터에 부탁하는 방법밖에 없는 것 같군요.

 협상 1 **'한 곳만 정해 두는 것'은 위험하다**

이삿짐센터를 정해야 할 노교섭 대리. 우선 인터넷으로 검색해서 신뢰할 수 있는 'A이삿짐센터'에 전화를 해 봅니다.

A이삿짐센터	네, A이삿짐센터 콜센터입니다!
	저기, 이사를 좀 했으면 해서요.
A이삿짐센터	이사 전에 방문해서 견적을 내야 하는데요, 언제가 편하세요?
	네? 저희 집에 오신다고요?
A이삿짐센터	네, 방이나 짐 상황을 확인해야 해서요.
	아, 그럼 다음 주 화요일 오후 1시는 어떠세요?
A이삿짐센터	네, 그럼 다음 주 화요일 오후 1시에 담당자가 노교섭 님 댁으로 방문하겠습니다. 고맙습니다.

'역시 이사는 귀찮아'라고 생각하면서 매장이 쉬는 화요일에 담당자가 오기를 기다리는 노교섭 대리. 시간에 맞춰 A이삿짐센터에서 사람이 찾아왔습니다.

A이삿짐센터	안녕하세요. 오늘 쉬시나 봅니다.
	아, 저희 매장은 오늘이 정기휴일이라서요.
A이삿짐센터	그렇습니까? 그럼 평일에 이사를 하셔도 괜찮으신

가요?

그렇게 하면 더 좋습니다.

A이삿짐센터   혹시 다른 업체에서도 견적을 내러 오셨었나요?

아니요, 거기만 연락 드렸는데.

A이삿짐센터   그러시군요. 그럼, 방을 좀 보겠습니다.

A이삿짐센터 담당자는 세탁기나 냉장고 크기 등을 척척 확인해 갑니다. 노교섭 대리는 할 일없이 담당자 뒤를 따라다니면서 한 바퀴 돌았습니다.

A이삿짐센터   네, 감사합니다. 견적을 내 보니까 125만 원 나오네요. 평일이고 하니 좀 깎아서 120만 원 어떠세요?

아. 그게, 어떻게 하면 좋을까요?

A이삿짐센터   만약 이 금액이 괜찮으시다면 이사 날짜 정해서 알려 주시면 됩니다.

"삐삐삐삐삐삐삐!"

머릿속에서 오랜만에 경보음이 울린 노교섭 대리. 당황해서 화장실로 뛰어 들어갑니다.

 누구랑 이야기하고 있을 때 이렇게 느닷없이 울리지 마!

 긴급 사태였어. 충고 하나 해 두겠는데, 오늘은 견적만 받고 절대 일을 부탁하지 마! 그리고 어디든 좋으니까 다른 업체에서도 견적을 받아 볼 것. 이상!

'갑자기 뭐야'라고 생각하면서 지금까지 아보트의 조언은 늘 정확했으니까 오늘도 따르기로 했습니다.

 저기, 오늘은 우선 견적만 받겠습니다.

A이삿짐센터 그런데 빨리 컨펌Confirm, 확정해 주지 않으시면, 소형 트럭 수배가 어려워져서 가격이 더 올라갈 수 있습니다.

 네, 알겠습니다. 다시 연락 드릴게요.

A이삿짐센터 알겠습니다. 전화 기다리겠습니다.

A이삿짐센터 담당자가 돌아간 후, 노교섭 대리는 광고에서 본 적이 있는 B이삿짐센터에 전화해 보았습니다.

 저기, 이사 견적을 좀 받아 보고 싶습니다.

B이삿짐센터 혼자 사시는 고객이시군요. 그렇다면 50만 원부터입니다.

 50만 원? 그렇게 싸다고요?

B이삿짐센터 네, 가장 저렴한 게 50만 원부터입니다만, 굉장히 특수한 조건이 아니시면 보통 100만 원은 넘지 않습니다.

다시 강조하는 BATNA의 중요성

노교섭 대리가 방심해서 완전히 잊어버리고 있었던 것 같은데, 협상에서는 반드시 BATNA^{대체안}를 생각해 두어야 합니다. 대체안이 없으면 불리한 협상이 되더라도 자업자득입니다.

A이삿짐센터의 영업 담당자는 처음에 노교섭 대리가 다른 회사에서 견적을 받았는지 확인했습니다. 감이 좋은 분이라면 눈치채셨겠지만, 그것은 노교섭 대리에게 BATNA가 있는지 알아보기 위해서입니다. 그리고 대체안이 없다는 것을 알고 굉장히 높은 금액을 견적으로 부른 듯합니다. 계약 직전까지 갔을 때, 아보트가 간섭해서 노교섭 대리는 아슬아슬하게 상황을 벗어날 수 있었습니다.

비즈니스 협상에서든 프라이빗 협상에서든 '한 회사로 결정해 두는 것'은 좋지 않습니다. 귀찮기는 하겠지만 특히 협상 처음 단계에서는 여러 회사로부터 견적을 받거나, 이야기를 들어 보아야 합니다. 물론 제1장에서 다뤘듯이 여러 회사에서 견적을 받으려면 거래 비용이 들겠지만, 어쨌든 무조건 대체안을 준비해 두지 않으면 안 됩니다.

특히 오래 알고 지낸 사이도 아닌 상대와의 단위별 거래라면, 귀찮더라도 대체안은 필수입니다. 요는 협상에 응해서 대체안이 필요한지, 필요하지 않은지를 판별하는 밸런스 감각이 중요하다는 사실입니다. 이것은 평소 늘 '모든 대화는 협상이다'라고 의식함으로써 자연스럽게 다져질 수 있습니다.

B이삿짐센터가 예상 밖으로 싸다는 사실을 알게 되어 대체안을 갖고 있는 것이 얼마나 중요한지 다시 한 번 알게 된 노교섭 대리. 이왕 이렇게 된 거 지금까지 아보트에게서 배운 협상 노하우를 사용해 보기로 했습니다.

굉장히 조건이 좋은 B이삿짐센터를 BATNA로 해서, A이삿짐센터에서 가격을 더 깎을 수 있을지 시험해 봅니다.

 저기, 어제 견적 서비스를 받은 노교섭이라고 하는데요. 저희 집 이사 견적 내 주신 담당자 분과 통화할 수 있을까요?

A이삿짐센터 네, 담당자입니다. 어제 조건으로 예약해 드리면 될까요?

아니, 실은 다른 회사에도 상담을 해 봤습니다.

A이삿짐센터 그러십니까? 다른 곳이 더 싸던가요?

네, 지난번에 받았던 금액보다 많이 싸더군요.

A이삿짐센터 저희는 가격뿐만 아니라 서비스 내용에도 자신이 있습니다만….

아, 그렇다고는 해도 다른 업체랑 상담해 봤는데, 왜 금액 차이가 클까 하는 생각이 들어서….

A이삿짐센터 그렇습니까? 죄송합니다. 어느 업체랑 얼마 정도의 금액으로 말씀을 나누셨는지, 구체적으로 말씀해 줄 수 있으실까요?

아, 그게 말이죠…. (삐삐삐삐삐삐삐삐!) 아, 잠깐 실례합니다.

여기서 다시 아보트가 끼어듭니다. 노교섭 대리는 통화 대기를 누르고 귀를 기울였습니다.

B이삿짐센터 견적 얘기를 여기서 해서는 안 되지!

응? 왜 안 돼? 좋은 합의점을 찾을 수 있지 않을까?

너는 정말. 그러면 B이삿짐센터 견적이랑 거의 같은 금액을 말할 게 당연하잖아.

아, 그러면 되는 거 아니야?

좀 더 가격을 깎아 줄지도 모르잖아? 처음부터 자신의 손 안에 든 패를 다 열어 보이면 아깝잖아. 여기서는 자신의 대체안은 애매하게 전달해서 상대를 긴장시키는 거야!

 역시! 알겠어. 해 볼게.

노교섭 대리는 각오를 하고, 다시 대화로 돌아갑니다.

 죄송합니다. 그런데 지금은 구체적인 숫자가 저한 테 없습니다만, 그쪽에서 주신 견적의 절반 정도 였어요!

A이삿짐센터 아, 확실히 반 값은 아닐 거라고 생각합니다만, 어 떤 조건이었나요?

 그쪽에 부탁드린 것과 거의 비슷합니다.

A이삿짐센터 저희 회사 견적에는 전날 전문직원이 찾아뵙고, 식 품·옷·잡화 등도 전부 세심하게 상자에 넣고, 도 착지에서 식품이나 옷 등도 서랍에 정리해 드리고, 이사 종료 후에는 청소 전문가가 방을 청소해 드리 는 풀패키지였습니다.

 아! 그렇게까지 안 해 주셔도 되는데….

A이삿짐센터 알겠습니다. 그럼 서비스 내용을 줄이고, 견적도 깎아 드리겠습니다. 그래도 될까요?

네, 물론입니다.

A이삿짐센터 그럼, 포장과 짐 푸는 건 고객님이 하신다는 조건으로. 상자는 저희 쪽에서 제공해 드리겠습니다. 다른 부가 서비스 없이 해서 80만 2천 원입니다만, 좀 더 깎아 드려서 80만 원에 맞춰 드릴게요. 어떠신가요?

아, 네. 생각해 보고 다시 연락 드리겠습니다. 아 참, 견적서를 팩스로 좀 보내주십시오.

A이삿짐센터 알겠습니다. 꼭 저희 회사로 부탁 드리겠습니다.

협상학에서는 BATNA대체안를 가지고 있는 것이 무엇보다도 중요합니다. 대체안이 없으면 상대의 제안에 동의해야 하는지 아닌지 판단하는 것도, 상대에게 양보를 요구하는 프레셔Pressure, 압박, 압력를 주는 것도 불가능합니다. 협상 상대가 '이 사람 우리 쪽을 거절하고 다른 회사에 부탁할지도 몰라'라고 생각하여야 비로소 가격을 낮춰 줄 동기가 생기는 것입니다.

그런데 노교섭 대리는 '한 회사에만' 꽤 높은 가격으로 이사 서비스를 의뢰할 뻔했습니다만, B이삿짐센터에 의뢰한다는 BATNA가 생겼으므로 A이삿짐센터에 프레셔를 줄 수 있게 되었습니다. A이삿짐센터도 악덕업자는 아닌 것 같지만, 다른 회사 견적을 받아 놓지 않았던 노교섭 대리의 약점을 간파하고, 풀패키지 견적을 냈습니다. 대체안이 있으면 '아무리 그래도 비싸다'고 생각할 만한 금액입니다. 노교섭 대리에게는 대체안이 없었기 때문에 '그런 건가'라고 생각해 버린 것입니다.

이번에는 대체안의 존재를 A이삿짐센터에 전달하긴 했으나, A이삿짐센터 담당자는 협상을 잘하는 편이어서 노교섭 대리의 BATNA가 무엇인지 들어 보려고 합니다. 자신의 BATNA를 알려 주면, 상대는 BATNA보다 조금 좋은 조건으로 동의를 구하려고 합니다. 예를 들면, 노교섭 대리가 'B이삿짐센터에서는 80만 5천 원에 해 준다고 하셨어요'라고 말해 버린다면, A이삿짐센터 담당자는 '아, 곤란하네요. 그럼, 저

희는 어떻게든 해서 80만 3천 9백 원으로 해 드리겠습니다!'와 같은 식으로 말할 것입니다. 사실 A이삿짐센터 입장에서는 80만 원 이하까지 가격을 낮출 여유가 있다 하더라도, 노교섭 대리의 BATNA가 80만 5천 원이라고 했기 때문에 그보다 약간 아래까지 양보해 준다면 노교섭 대리는 자동적으로 'Yes'라고 말할 것입니다.

이처럼 자신의 대체안을 상대에게 전하는 것은 협상에서 절대 해서는 안 되는 행동입니다. 절대 말하지 마십시오.

협상 3 '합의점 겨냥도'를 만들자

A이삿짐센터가 80만 원을 제시했기 때문에 노교섭 대리는 B이삿짐센터에도 가격을 낮춰 보려고 견적을 내러 온 담당자와 협상에 들어갑니다.

B이삿짐센터 네, 다 둘러봤습니다. 저희 회사 시스템은요.

 네, 말씀하세요.

B이삿짐센터 전화로 말씀 드리긴 했지만 트럭, 작업자 1명의 최저 패키지로 50만 원이고, 짐의 양이나 이동 거리에 따라 옵션을 추가합니다. 노교섭 님의 짐 양을 보니까 98만 원이 나옵니다.

 그런가요? 좀 더 싸게는 안 될까요?

B이삿짐센터 가격을 낮추려면 고객님이 짐을 풀어 주셔야 하는데, 그러면 10만 원 낮춰 드릴 수 있습니다.

 그렇군요. 그래도 88만 원이네요.

B이삿짐센터 저기, 이미 다른 업체와 말씀을 나누셨는지요?

네, 그곳하고 비교도 해 보고….

B이삿짐센터 얼마 정도 견적을 받으셨나요?

 그건 좀 말씀 드리기 어렵지만, 거의 비슷한 내용인데 가격은 좀 더 쌉니다.

B이삿짐센터 그렇게 되면, 저희도 가격을 더 낮춰서 대응해 드릴 수밖에 없겠네요. 85만 원은 어떠세요?

 죄송합니다. 그렇다면 어려울 것 같네요.

B이삿짐센터 그러세요? 잠시만 기다려 주십시오.

　B이삿짐센터 담당자는 서류를 보면서 계산기를 두드리고, 어떻게든 가격을 낮출 방법은 없는지 찾아보는 모양입니다. 노교섭 대리도 눈앞에서 담당자가 애쓰는 것이 안쓰러워 이대로 돌려보내는 게 마음이 불편했습니다. 결국 아보트에게 상담하기 위해 화장실로 달려 들어갔습니다.

 좀처럼 가격을 빼 주지 않는데 어떻게 하지?

 가격만 보면 B이삿짐센터가 나은 점은 없는 것 같네. 담당자를 빨리 해방시켜 주는 게 좋겠어.

뭐? 아보트라면 누구한테서든 가격을 깎을 수 있는 것 아니야?

 세상에 어떻게 해도 안 되는 일도 있어. 지금 설명해 줄 테니까 벽을 봐.

화장실 벽에 프로젝터 화면처럼 흰 직사각형이 투영되어 거기에 그림이 그려집니다.

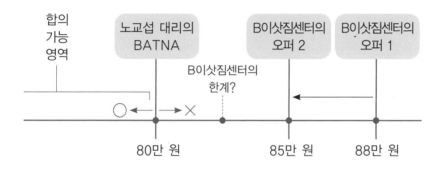

 알겠어? 네가 80만 원 이하가 아니라면 절대로 동의하지 않을 테니까 80만 원 이하의 존이 합의 가능 영역, 즉 조파 ZOPA가 되는 거야. 그런데 B이삿짐센터는 88만 원에서 85만 원으로 가격을 낮췄으니까, 여기에서 갑자기 79만 원으로 내려가는 일은 없을 거라고.

정말 그렇겠네. 그림으로 그려 보니까 뭔가 명확해.

 너에게 BATNA가 있는 것과 마찬가지로 B이삿짐센터에게도 가격을 낮출 수 있는 한계가 있어. 적자를 감수하면서까지 일을 받지는 않을 거라고.

 하지만 일부러 집까지 오시게 해서 거절하는 게 마음이 불편해.

 그 기분은 사람답지만, 계약하도록 프레셔를 주기 위해 일부러 집으로 온 것도 사실이니까. 상대도 일로써 온 거니까 서로 마찬가지야. 잘 거절하는 것도 협상의 일부야.

 알겠어.

 기다리시게 해서 죄송합니다. 그럼, 어떻게 할까요?

B이삿짐센터 84만 원까지 해 드릴 수 있습니다.

 알겠습니다. 그 견적서를 좀 받을 수 있을까요? 검토해 보고 부탁 드리게 되면 다시 전화 드리겠습니다.

B이삿짐센터 네, 꼭 잘 부탁 드리겠습니다.

합의 가능 영역ZOPA을 그린다

　프라이빗 협상에서도 매장이나 업자와의 큰 거래라면, 대체안을 제대로 준비해서 복수의 회사와 협상을 해야 합니다. 그때 어느 단계에서 '예'라고 말할지 적절한 합의점을 판단하는 것은 쉽지 않습니다. 그리고 협상은 구두로 행해지므로, 상대가 내놓은 조건을 정확하게 평가하면서 대화를 계속하지 않으면 안 됩니다. 여기서 냉정하게 합의점을 평가하는 방법은 아보트가 그려 준 것과 같은 그림, 즉 '합의점 겨냥도'를 머릿속으로 떠올리는 것입니다. 자신의 대체안과 비교해서 상대가 내건 조건은 어느 '위치'에 있는 걸까요?

　제2장에서도 소개했지만, 협상학에서는 BATNA대체안보다 더 좋은 조건을 모아서 '합의 가능 영역', 즉 ZOPA조파라고 부릅니다64쪽 참조. 이 합의 가능 영역에 들어오는 오퍼가 나올 것 같으면, 협상을 더 하는 것이 의미가 있습니다. 하지만 어떻게 해도 무리 같으면 재빨리 협상을 그만두는 쪽이 좋을 수도 있다.

　그러나 협상을 그만하기 위해서는 '아니오'라고 말하지 않으면 안 됩니다. '아니오'라고 거절하기는 누구나 쉽지 않습니다. 그렇다고 해서 약한 마음을 역으로 이용하여 무리하게 계약시키는 악덕 업자도 세상에는 많이 있습니다. 딱 잘라 거절하는 것도 마음이 불편해지니까 견적서를 받아 보고 '검토하겠습니다' 정도로 상황을 종료하는 것이 좋습니다그 자리에서 계약을 성사시키려고 프레셔를 가해 오는 업자들도 많지만, 의연한 대응으로 돌려보내도록 합시다!.

고압적인 상대에게는 냉정하게 대응하자

B이삿짐센터와의 협상은 실질적으로 결렬되었으므로, A이삿짐센터와 계약하게 될 것 같습니다. 그러나 시간에 여유가 있어서 노교섭 대리는 다른 이삿짐센터와 더 상담을 해 보기로 했습니다. 현재 집 근처에서 사무실을 본 적 있는 'C이삿짐센터'입니다. 대충 가격을 알고 싶어서 전화했을 뿐인데 상대의 기세에 눌려 담당자가 지금 당장 견적을 내러 온다는 걸 말리지 못했습니다.

> **C이삿짐센터** 우와, 고객님, 정말 딱 좋네요! 마침 오늘은 사무실에 있었거든요. 자, 견적을 내 보겠습니다. 음, 대충 85만 원 정도 되겠네요.
>
> 아, 그 가격이라면 좀 어렵겠는데요.
>
> **C이삿짐센터** 아, 그러세요? 그럼 지금 결정해 주신다면 79만 원에 어떠신지요?

A이삿짐센터의 견적보다 10만 원 싼 가격을 제시했습니다. 대체안보다도 좋은 조건이므로 동의해도 될 것 같지만, 노교섭 대리는 이 담당

자가 왠지 믿음이 가지 않았습니다. 붙임성은 좋았지만, 이 회사에 대한 평판은 아직 충분히 찾아보지 않았고, 10만 원 싸다는 이유만으로 계약을 해도 되는 건지 자꾸 불안합니다.

음, 어떻게 할까요?

C이삿짐센터
고객님! 그렇게 망설이시는 사이에 다른 고객의 예약이 들어와 버립니다! 작업하는 인부도 손이 부족해서 지금 난리가 났어요. 바로 결정을 하신다면 79만 원으로 해 드린다니까요!

아, 그게 '지금 당장'이라고 하시는 게 좀….

그러자 '잠시 실례하겠습니다'라고 말하며 밖으로 나가 버렸습니다. 뭔가 큰소리로 대화하는 소리가 들리는가 싶더니 곧 다시 돌아왔습니다.

C이삿짐센터
아, 죄송합니다. 다른 고객에게서 주문이 들어와서. 의외로 이 시기에도 바쁘거든요. 그런데 어쩌죠? 예약을 넣어도 괜찮으시다면 지금 회사에 전화해서 바로 트럭을 확보하겠습니다.

아니, 오늘은 견적만 받아 볼 생각에 전화 드린 거라서요.

C이삿짐센터 고객님, 나중에 연락 주셔도 트럭이 없으면 예약을 넣어 드릴 수가 없어요. 다른 업체들도 마찬가지입니다. 가격이 싼 트럭부터 예약이 되는 거라. 직전까지 결정을 못하시면 대형 트럭밖에 안 남아서 가격이 점점 올라갑니다. 뿐만 아니라 원하시는 날짜에 이사를 못하게 돼서 호텔에 머무시는 경우도 생겨요. 아, 2톤 트럭이 남아 있는지 어떤지 회사에 전화해 보겠습니다. 저기, 30일 오전, 2톤 트럭 남아 있어? 그렇군, 우선 예약 좀 걸어 줘. 다행이네요. 2톤 트럭 마지막 한 대가 남아 있다고 하는데, 예약 걸어 놨습니다!

 아, 그렇습니까?

(삐삐삐삐삐삐삐삐!)

아, 죄송합니다. 잠깐 화장실 좀.

노교섭 대리, 배가 아픈 척하며 화장실로 뛰어갑니다.

 성가신 사람이 와 버렸군.

 어떻게 해? 트럭을 예약해 둔 것 같은데.

당신이 예약을 부탁한 것도 아니고, 계약을 한 것도 아니니까 걱정할 것 없어. '지금 계약하지 않으면 이사를 못하게 된다', '도망칠 길은 없다'라고 합의를 거는 것뿐이야. 그리고 그것도 연기 같아. 얼른 취소하라고 해.

노교섭 대리도 연기를 할 생각에 쓸데없이 화장실 물을 내린 다음 방으로 돌아갑니다.

죄송합니다. 오늘 중에 연락 드릴 테니, 기다려 주세요.

C이삿짐센터 아, 그래요? 아깝네요. 지금 바로 결정해 주시지 않으면, 트럭을 확보할 수 없거든요.

네, 그건 잘 알고 있습니다. 가능한 빨리 연락 드리겠습니다.

C이삿짐센터 알겠습니다. 꼭 좀 빨리 부탁드립니다!

자기 BATNA의 약점을 인식한다

협상 상대에게 프레셔를 주는 수단의 하나로 상대 BATNA의 약점을 찌르는 전략이 있습니다. 상대의 BATNA란 협상이 결렬됐을 때 상대에게 어떤 일이 일어날지를 확인시키는 것입니다.

노교섭 대리와 'C이삿짐센터'의 협상에서는 C이삿짐센터의 담당자는 어쨌든 노교섭 대리의 BATNA의 약점을 어필했습니다. 구체적으로는 만약 바로 결정해서 계약을 맺지 않으면,

⋙ 트럭적절한 사이즈의을 확보할 수 없다.

⋙ 가격이 굉장히 비싸진다.

⋙ 원하는 날짜에 이사하지 못한다.

등의 재난이 노교섭 대리에게 일어날 것이라고 설명합니다.

실제로 노교섭 대리가 어영부영하고 있으면, 이런 문제가 일어나도 이상하지 않습니다. 그러나 바로 결정하지 않는다고 하더라도 예약이 안 될 만큼 바쁜 시기도 아니어서 그렇게까지 초조해할 필요도 없습니다. 즉 이렇게 약점을 열거하는 것은 C이삿짐센터 담당자의 의도적인 전략입니다.

이삿짐센터 수배뿐만 아니라, 아파트 임대나 차 구입 등 여러 가지 장면에서 당신이 가진 BATNA의 약점을 어필해 오는 영업 담당자와 만날 수 있습니다. 그때에는

우선 상대가 의도적으로 고압적인 전략을 이용한다는 사실을 인식합시다. 그들이 내놓는 여러 나쁜 상황에 압도당하지 말고, 어느 정도 위험한지를 냉정하게 평가해서 계약할지 말지를 판단하는 것이 좋겠지요.

협상 5
상대의 이해를 잘 살펴본다

C이삿짐센터의 고객을 압박하는 영업 태도에 지쳐 버린 노교섭 대리. 가격은 가장 싸니까 주문해도 괜찮았을 것 같지만 당돌하게 밀어붙이는 영업 담당자의 자세에 뭔가 느낌이 안 좋아서, 혹시나 하고 인터넷으로 평판을 찾아보았습니다. 그러자 좋지 않은 소문이 하나 둘 눈에 띕니다. 어떤가 하면 '트럭을 수배할 수 없게 된다'고 하는 으름장은 견적을 낼 때 영업 담당자가 항상 하는 말인 듯합니다. 결국 10만 원 비싸긴 했지만, 종합적으로 평가해서 역시 A이삿짐센터에 주문 전화를 하기로 했습니다.

 지난번 견적을 부탁 드린 노교섭이라고 합니다. 이사 진행 부탁 드리고 싶은데요.

A이삿짐센터 감사합니다. 그러면 일정을 다시 확인해 드리겠습니다.

 네, 10월 30일 화요일 오전으로 부탁 드립니다.

A이삿짐센터 잠시만 기다려 주십시오. 죄송합니다. 그날 오전은 다 차 있는데, 혹시 다른 날은 어려우십니까?

아, 일정은 화요일이 아니면 어렵습니다. 수요일도 쉬기는 하지만, 그날은 짐을 정리해야 할 것 같습니다.

A이삿짐센터 그렇군요. 하지만 월말에는 워낙 이사가 많아서요.

그렇다면 일주일 전 23일은 어떠세요?

A이삿짐센터 그날은 가능합니다.

이사 갈 집은 지금 비어 있어서 23일에도 괜찮을 것 같긴 한데, 월세를 일일 계산하니까 그게 좀 문제가 되겠네요.

A이삿짐센터 그렇군요. 만약 23일로 해 주신다면 10만 원 깎아 드리겠습니다.

정말요? 잠깐만요, 그래도 일주일 전에 도착하면 월세를 일일 계산해서…. 이런 그래도 월세가 더 많네요.

A이삿짐센터 그렇군요. 저희도 죄송합니다. 더 이상 가격 인하는 어렵습니다. 월세가 좀 더 들기는 하지만, 그래도 좋은 집으로 옮기신다는 장점도 있으니까 하루라도 더 빨리 가시는 게 좋지 않으세요?

빨리 이사할 수 있는 건 좋지만, 그만큼 짐을 빨리 싸야 하니까 준비 기간이 너무 촉박하다는 단점도 있어요.

A이삿짐센터 알겠습니다. 그러면 30일 오후는 어떠세요? 오전 작업 후에 찾아뵙는 거라 늦어질 수도 있지만요.

 아, 오후도 괜찮습니다. 어쨌든 수요일에 정리할 예정이니까, 화요일은 시간 여유가 있어서 오후도 좋습니다. 수요일 오전보다는 화요일 오후 쪽으로 해 주시면 더 감사해요.

A이삿짐센터 그럼, 30일 오후로 트럭과 인부를 준비해 두겠습니다.

 알겠습니다. 잘 부탁 드립니다.

이렇게 A이삿짐센터와 무사히 계약을 끝마쳤습니다. 다 끝내 버리고 나니 뭔가 멍한 기분이 드는 노교섭 대리. '좀 더 협상을 잘할 수 있지 않았을까'라고 생각할 때,

 뭔가, 납득이 안 되는 거라도? 딱히 문제는 없어 보이는데.

아니, 지금 합의가 잘된 건지 좀 불안해서.

 아니아니, 제대로 협상 잘했어. 대체안도 찾아서 비교해 봤고, 으름장에도 굴하지 않았어. 아까 전화도 좋은 협상이었고.

 뭐, 협상?

 A이삿짐센터의 상황과 자신의 상황을 고려해서 일정이나 시간을 정했잖아. 이삿짐센터가 한가한 시기로 바꾸는 대신 가격을 깎기로 했잖아.

 하지만 결국 잘되진 않았잖아.

 그 판단도 성공적이었어. 가격 깎기에만 신경 쓰다가 월세를 놓치기 일쑤인데, 너는 이사 갈 집의 월세를 제대로 생각했어. 너 자신에게 득이 안 되면 거절하는 게 더 좋은 거니까.

 그럴지도 모르겠군. 나, 꽤 협상을 잘하게 된 것 같지 않아?

 뭐, 내가 가르치고 있으니까. 하지만 그렇게 잘난 척하면 또 문제가 생길 수도 있으니 늘 조심조심!

협상이란 이해를 맞춰 가는 것

다시 한 번 말하지만 협상의 첫 번째 목적은 상대와 자신의 이해를 만족시키는 데 있습니다. 서로가 처한 여러 가지 사정을 감안해 조금씩 타협해 가면서 자신의 마음도, 상대의 마음도 충족시킬 수 있는 합의점을 찾는 것입니다. 자신과 상대에게 어떤 이해가 있는지, 그리고 어떤 해결책이 있는지 대화를 하고, 아이디어를 내 가면서 찾아가는 것이 바람직한 협상의 본질입니다.

이번에는 노교섭 대리가 1차로 원하는 때에 예약이 되지 않았습니다. 그러나 거기서 자기 주장만 내세우는 문답이 되지 않고, 서로의 상황을 터놓고 이야기하는 가운데 서로의 이해를 발견했습니다.

노교섭	A이삿짐센터
화요일에 이사하고 싶다.	월말은 혼잡하므로 중순이 더 낫다.
수요일에는 짐 정리를 하고 싶다.	오후에 할 수도 있는데, 시간을 확약
시간대는 신경 쓰지 않는다.	할 수 없다.
앞당긴다면 월세 이상으로 가격 인하	평일이 더 비어 있다.

서로의 이해를 전달하면서 최종적으로 나온 합의점이 '30일 화요일 오후'조금 늦어질 가능성 있음였습니다.

　노교섭 대리가 유급 휴가 내기로 부장과 협상한 제1장에서도 나왔습니다만, 이렇게 여러 가지 이해를 정리해서 납득할 수 있는 합의점을 찾을 만한 협상을 '통합형 협상'이라고 부릅니다^{35쪽 참조}. 이것이야말로 자신도 상대도 만족하는 합의점을 찾는 비결입니다. '배분형 협상'으로 가격만 가지고 다투면 복수의 업체에 의한 견적 다툼이 되어 버리지만, 여러 가지 조건을 협상에 넣으면 서로가 납득할 수 있는 합의점을 쉽게 찾을 수 있습니다.

감정적이 되면 제3자를 개입시킨다

이사 당일, 오후 1시 경에 A이삿짐센터 작업자가 오기로 되어 있었는데, 길이 막혀 1시간 정도 늦어진다는 연락이 왔습니다. 그러나 2시가 되어도 아무도 나타나지 않습니다. 노교섭 대리는 조금 불안해졌습니다. 2시 30분 쯤에야 현관 벨이 울립니다.

A이삿짐센터 죄송, 늦어졌습니다! A이삿짐센터입니다.

 아, 안녕하세요. 잘 부탁 드립니다.

A이삿짐센터 바로 시작하겠습니다. 저기, 파손 방지 작업을 해야 하니 좀 물러서 주시겠습니까? 자, 시작하자고!

이삿짐센터 작업자는 젊은 남자 2명으로, 20대 중반의 리더로 보이는 남자와 아직 10대로 보이는 아르바이트생처럼 보이는 남자입니다.

둘이서 작업을 막 진행하는데, 너무 서두르는 모습을 보고 있자니 여러 가지 잡다한 생각들이 걸립니다. '방에 흠집이 생겨서 보증금을 못 돌려 받는 건 아닐까', '중요한 물건을 망가뜨리는 건 아닐까' 불안불안합니다.

이삿짐을 차에 싣는 것을 보며 문을 열어주기 위해 노교섭 대리는 서둘러서 이사 갈 집으로 향합니다. 부동산에 들러 열쇠를 받아 이사 갈 아파트로 갔는데, 아직 트럭은 도착하지 않은 모양입니다. 서둘러 이동한 자신이 한심하게 느껴져서 노교섭 대리는 더 짜증이 났습니다. 노교섭 대리가 도착하고 30분이 지나 트럭이 도착했습니다.

> **A이삿짐센터** 우와, 벌써 도착해 계셨군요. 빠르시네요!
>
> 아…．
>
> **A이삿짐센터** 자, 그럼 짐 옮기겠습니다. 죄송, 거기 좀 비켜 주시겠습니까?

이런 말투에도 짜증이 났지만, 화를 내도 방법이 없으니 방 한쪽에 그저 서 있습니다. 멀리서 '퍼석!' 하고 상자가 눌리는 듯한 소리가 들려서 불안했지만, 방해할 수는 없어서 가만히 참았습니다. 짐이 다 들어오고, 리더 같은 사람이 세탁기 조정을 시작합니다. 노교섭 대리는 쌓여 있는 상자로 눈을 돌립니다. 그러자 살짝 눌려서 찌그러진 상자가 눈에 들어옵니다. 당황해서 열어보니 굉장히 아끼는 밴드보컬 피규어의 목이 부러져 있습니다. 한정품인 귀중한 물건이어서 완충재로 꼼꼼히 포장했는데, 엄청난 힘에 눌려서 파손된 거겠지요. 이것을 본 노교섭 대리는 더 이상 참을 수가 없습니다.

 잠깐만요! 상자가 찌그러져서 안에 들어 있던 물건이 망가졌어요!

A이삿짐센터 아, 아까 냉장고가 넘어져서 상자 위로 쓰러졌거든 요. 잠깐 봐도 될까요? 아, 이거 파손이네요.

 네? 파손이건 어쨌건, 당신이 망가뜨린 거 아닙니까!

A이삿짐센터 아, 잠깐 기다려 주시겠어요? 제가 뭐 어떻게 해 드 릴 수가 없는 문제니 회사에 전화해 보겠습니다.

어쨌든 작업하는 사람은 아무것도 할 수 없는 듯해서 회사에 전화를 걸었습니다. 통명스럽게 휴대폰을 건네받자, 노교섭 대리는 짜증이 폭 발 직전입니다. 전화를 받은 사람은 견적을 내러 왔던 영업 담당자였습 니다.

영업 파손된 물건이 있는 것 같은데, 정말 죄송합니다.

 그렇게 마구잡이로 다루면 망가지는 건 당연하잖아요.

영업 정말 죄송합니다. 상황 확인을 위해 제가 지금 찾아뵙겠습 니다. 30분 정도 걸리는데 좀 기다려 주십시오.

30분도 채 안 돼 담당자가 찾아왔습니다. 마침 일이 빨리 끝난 다정해 씨도 이사 온 집 상태를 보러 왔습니다.

영업	상황을 확인해 봐도 될까요?
	네, 이겁니다.
다정해	아, 이거 교섭 씨가 무지 아끼는 피규어잖아?
A이삿짐센터	냉장고가 기울어졌는데, 그때 이 상자가 지탱하고 있었어요. 그 덕에 냉장고는 무사했습니다만.
	뭐라고요? 보통 냉장고는 쓰러지지 않거든요?
다정해	교섭 씨, 진정해요.
영업	죄송합니다. 보험으로 수리해 드리려고 하는데, 몇 가지 확인 부탁 드립니다. 우선 이거 말인데요, 제대로 포장되어 있었나요?
	상자 안을 잘 보십시오. 완충재가 들어 있잖아요!
다정해	저도 같이 포장했는데, 워낙 좋아하는 거라 정말 신경 써서 포장했어요.
영업	감사합니다. 잘 알겠습니다. 그럼, 가능한 한 수리해 드리겠습니다.

1개월 후, 수리를 마친 피규어가 돌아왔습니다. 노교섭 대리가 상자에서 꺼내 선반에 올리고 있을 때, 다정해 씨가 왔습니다.

다정해 우와! 감쪽같아! 원래대로네!

 살짝 흔적이 남아 있는 것 같은데…?

다정해 그래도 교섭 씨, 나 교섭 씨가 그렇게 화내는 거 처음 봤어. 아마 내가 없었으면 싸웠을지도 몰라.

 그게, 그 인부, 진짜 짜증났었어….

다정해 아무리 그래도 그렇게 대화하는 자리에서 화를 내 버리면, 그 시점에서 지는 거 아닐까? 혹시 다음에라도 그런 비슷한 일이 생기면 내 생각이라도 하면서 화를 눌러 주세요. 진정해.

 미안, 고마워.

'감정적이 되면 그 시점에서 협상 실패'. 이제 와서 아보트가 한 말의 의미를 알게 된 노교섭 대리입니다.

지금까지 냉정 · 침착 · 감정 없이 쿨하게 진행된 협상을 해설해 왔지만, 세상에는 냉정해질 수 없는 상황도 있습니다. 그럴 때는 어떻게 자신과 상대를 진정시키는지가 합의점을 찾는 열쇠가 됩니다.

한 가지 효과적인 방법은 냉정한 제3자를 사이에 두는 것입니다. 화를 내는 사람들 사이에서는 협상을 해도 합의점 따위가 찾아질 리가 없습니다. 거기서 이번의 다정해 씨처럼 영업 담당자와 노교섭 대리에게서 조금 떨어져 흥분하지 않은 사람이 개입함으로써 감정적인 측면을 쿨 다운시킬 수 있습니다. 이러한 기술을 '메디에이션Mediation, 조정'이라고 합니다.

무슨 일이 있다고 해서 당사자가 적대 감정에 휩쓸리면, 협상은 불가능해집니다. 자신이 흥분되었다고 생각될 때에는 자기 혼자서 해결하려 하지 말고, 선배나 동료 등 조금 떨어진 입장에서 냉정하게 사태를 볼 수 있는 사람과 우선 상담해봅시다.

제 5 장 **정리**

1 무슨 일이든 '한 회사만 고집하는 것'은 NG. 거래 비용과 기회 비용을 고려하면서 판단해야겠지만, 기본적으로는 BATNA를 가지고 있도록 하자.

2 상대의 BATNA를 모르기 때문에 양보할 기회가 생긴다. 협상 상대에게 자신의 BATNA를 알리면, 그 시점에서 협상은 '지게 되는 것'. 절대로 알려서는 안 된다.

3 ZOPA조파는 합의점 겨냥도. 이것을 머릿속에 그림으로써 협상 중에 상대가 내는 제안이 타당한지 아닌지 판단할 수 있다. 아무리 애를 써도 제안이 ZOPA 내에 위치하지 않을 때에는 무리하지 말고 협상을 중단해야 한다.

4 상대 BATNA의 약점을 찌르는 것은 협상의 전략 중 하나. 미리 자기 BATNA의 약점을 파악해서 협상에 임하면, 필요 이상의 압박감을 느끼지 않고 냉정하게 판단할 수 있다.

5 서로의 이해를 전달하면 보다 좋은 합의점에 가까워질 수 있다. 이렇게 복수의 이해 차이를 포괄하는 협상을 '통합형 협상'이라고 한다.

6 감정적으로 된 시점에서 협상은 이미 실패. 만약 자신이 감정적으로 돼 버리면, 냉정한 제3자를 개입시켜 조정을 부탁하자.

제 6 장
대표자끼리의 대화

동창회 기획

협상 0 동창회는 무사히 개최될까

새집에 이사와서 쾌적한 일상을 보내는 노교섭 대리. 예전부터 알던 사람들에게 새로운 주소를 알리고, 오랜만에 서로 근황을 알리자 문득 사람이 그리워집니다. 그때 마침 고등학교 때 친구 나동무에게서 카톡 메시지가 왔습니다.

나동무 이사하느라 고생 많았겠다. 졸업 10주년 동창회 한대. 같이 준비할 간사 모집 중이던데!

노교섭 대리도 나동무 씨도 반에서 수수한 존재로, 솔직히 고등학교

3학년 때 반 친구 같은 거 별로 기억도 남지 않았지만, 옛날이 그리운 노교섭 대리, 나동무 씨가 보내 준 메시지에 붙어 있던 페이스북 링크를 열어 보았습니다. 거기에 이런 투고가 있네요.

한상무 주식회사 드림 비저너리 CEO

올해 28세. 세상을 꿈으로 개혁하고 싶었던 열정 하나로 여기까지 앞만 보고 달려왔습니다. 뒤돌아보면 올해가 고등학교 졸업 10주년. 슬슬 당시 친구들을 모아 우리의 고교 시절을 다시 보고 싶습니다. 그래서 오랜만에 담임이셨던 김교수 선생님을 모시고 동창회를 개최하게 되었습니다. 동창생 여러분, 함께 놀아 보자! 간사 모집 중!

 뭐야 이게. 너무 의식한 거 아냐?

나동무 장난 아니지? 뭐, 모처럼 하는 거니까 많이들 모였으면 좋겠지만.

 나, 간사 해 볼까?

나동무 진짜? 한상무한테 휘둘리는 거 아닐까?

 하지만 한상무한테 전부 맡겨 버리면 그거야말로 귀찮은 동창회가 되어 버리지 않을까?

나동무 그럴지도 모르겠지만, 뭐랄까 노교섭 네가 간사로 나선다니 의외네.

 뭐, 나도 컸잖아!

그래서 노교섭 대리, 동창회 간사에 이름을 올렸습니다. 나동무 씨가 말한 대로 노교섭 대리의 캐릭터는 아니었지만, 아보트를 통해 협상력을 단련하였으므로 어떻게든 될 것 같은 기분이 들었습니다.

용기를 내서 한상무 씨의 페이스북에 "오랜만입니다. 노교섭입니다. 도와줄 일이 있다면 하겠습니다"라는 메시지를 남겼습니다. 그러자 5분도 지나지 않아 한상무 씨가 친구 신청을 해 왔습니다. 승낙하기 무섭게 바로 메시지가 온 것입니다. "노교섭! 오랜만이야? 그리고 땡큐! 내 생각에 공감해줘서 기쁘다!"

노교섭 대리로서는 딱히 한상무 씨에게 공감한 것은 아니고, 오히려 그의 폭주를 멈출 요량으로 간사에 입후보했을 뿐이므로, 뭐랄까 근질근질한 기분이 들었습니다. 과연 모두가 모여서 즐길 수 있는 동창회를 열 수 있을까요?

네편 · 내편을 구별하지 않는다

고등학교 졸업 10주년 기념 동창회의 간사에 입후보한 노교섭 대리는 간사끼리 얼굴을 보고 인사를 나누는 자리에서 한상무 씨에게 불려 나갔습니다. 저녁 7시 반부터 강남의 A 빌딩에 있는 세련된 바에 모이기로 했습니다. '그냥 모이는 것뿐인데, 갑자기 이런 바에서 모이자'라니 노교섭 대리는 살짝 불안해졌습니다. 바에 도착해서 한상무 씨 이름으로 예약된 테이블로 가니 반가운 동창 세 명이 미리 와 있습니다.

 우와, 이게 얼마만이야. 반갑다.

이철수(남) 오! 노교섭 아니야? 네가 올 거라곤 생각도 못했어.

하영수(남) 우와! 노교섭. 잘 지냈어?

박영희(여) 아, 노교섭, 오랜만.

 어? 한상무는?

이철수 15분 정도 늦을 거 같대. 칫, 지가 불러 모았으면서.

테이블이 2시간제로 되어 있어서 네 명이 먼저 주문하고 회의를 시작했습니다. 특히 노교섭 대리에게는 10년 만에 만난 동창생들이었으므로, 옛날 이야기로 한창 즐거운 시간을 보냈습니다. 그때 한상무 씨가 왔습니다.

한상무 이야, 미안미안. 상담이 길어져서. 큰 은행에서 융자 오퍼가 많아서 말야.

이철수 그래그래, 그럴 수 있지. 자 그것보다 동창회 언제쯤 할까?

한상무 그게, 좋은 아이디어가 있는데, 우리 회사에서 최근 계약한 휴양 시설이 설악산에 있는데, 우리 반 친구 전원이 머물 수 있을 만큼 엄청 커. 막 개장해서 반짝반짝한데 가격도 싸.

박영희 뭐, 숙박? 그러면 사람들이 안 모이지 않을까? 우선 나부터도 아직 애가 어려서 참가하기 힘들어.

한상무 영희, 너는 옛날부터 너무 부정적이야. 좀 더 긍정적으로 생각해 봐.

박영희 무슨 소리 하는 거야? 성격하고는 상관 없다니까? 어린 애를 누구한테 맡기고 1박을 해. 상무, 너는 결혼도 안 한 데다 남자니까 그런 것 잘 모르겠지만 말야.

이철수 상무, 너는 정말 옛날부터 제멋대로구나. 어쨌든 1박을 한다는 건 음주를 위한 건데, 시내 연회장을 빌려도 가능해. 그렇게 하는 게 더 싸지 않을까?

하영수 아, 나도 한 마디 해도 될까? 나는 1박 하는 것도 괜찮을 것 같아. 나는 사실 술 별로 안 마시니까 '수학여행을 다시 한 번' 같은 느낌으로 하면 좋을 것 같긴 한데.

한상무 그렇지, 그렇지? 영수 니가 뭘 좀 안다.

이철수 음, 영수가 그쪽에 붙다니 좀 의외로군. 그렇다면 나랑 영희가 연회파, 상무랑 영수가 1박파로 의견이 나눠지는 건가? 노교섭 너는 어느 쪽에 붙을 거야?

한상무 교섭이도 우리 휴양 시설에 가면 좋아할 거야.

음, 어쨌든 우리는 간사고, 반 친구 모두가 모여서 즐길 수 있는 동창회를 여는 게 목적이잖아?

이철수 그건 그렇지.

그럼 여기서 1박으로 할지 연회로 할지 대립해도 의미가 없지 않을까? 설악산 휴양 시설도 좋을 것 같긴 하지만, 결국 반 친구 모두가 모일 수 있는 장소와 시간을 정하려면 참가할 수 있을지를 첫 번째로 생각하는 게 좋지 않겠어?

박영희 우와, 노교섭 많이 컸는데! 맞아, 우리들이 마음대로 흥분해서 결정하더라도 모두가 모이지 않으면 동창회가 되지 않는 거니까.

하영수 나도 찬성. 계획을 약간 수정하는 게 좋을지도.

한상무 하지만 역시 우리가 비전을 제시해야 하는 거 아닐까? 다른 사람들과의 최대 공약수로 하면 미래로 연결되는 배움과 센스를 배울 수 없을 거라고 생각하는데.

이철수 비전은 모르겠지만, 확실히 모두를 모으는 게 간사의 최대 역할이네. 교섭이 말 그대로 말이야.

협상의 목적은 승리가 아닌, 합의

 1 대 1이 아닌 여럿이 모여서 이야기를 나눌 때는 '파벌'이 생길 수도 있습니다. 누군가가 제안을 하면, 그 제안에 찬성과 반대 의견이 나오고, 각각의 주장을 관철시키기 위해 찬성파와 반대파 대립이라는 구도가 좀 더 선명해집니다. 일단 색깔이 선명해지면, 자신의 희망 사항을 관철시키는 것이 목적이 아니라, 상대의 주장을 꺾기 위한 것으로 논의의 목적이 변해 버립니다. 같은 의견을 가진 사람들은 '내편', 그리고 다른 의견을 가진 사람들은 '네편'이 되어 버리게 되지요. 이렇게 되면 협상에 의해 합리적인 합의점을 찾아내기가 곤란해집니다.

 미국의 심리학자 조나단 하이트Jonathan Heit가 쓴 베스트셀러 《바른 마음, 나의 옳음과 그들의 옳음은 왜 다른가》에도 쓰여 있긴 하지만, 인간이라는 존재는 처음에 네편인지 내편인지를 보고 판단한 후에 여러 가지 생각을 하므로, 네편으로 보이는 사람이 아무리 합리적인 설명을 하더라도, 그 설명을 긍정하고 자신의 생각을 고치기는 쉽지 않습니다. 그렇기 때문에 그러한 인간의 본능적인 약점을 인식하고, 네편의 주장에 마음을 열고 귀를 기울이도록 노력하는 것이 적절한 합의점을 찾는 데 꼭 필요한 자세입니다.

 노교섭 대리가 참가한 동창회 간사들과의 모임도 갑자기 네편, 내편으로 나눠져 버렸습니다. 한상무 씨의 강한 캐릭터가 원인일지도 모르지만, 1박이라는 제안에 찬

성파와 판대파로 나뉘면서 찬성, 반대의 이유를 서로 주장하는 흐름이 되었습니다. 또한 '제멋대로'라고 하는 개인의 성격 문제를 지적하는 감정적인 발언도 튀어나왔습니다. '인물과 문제를 분리시킨다'19쪽 참조는 원칙을 어겼습니다. 이대로 방치하면 대립은 급물살을 타겠지요.

다행히 노교섭 대리는 지금까지 아보트의 지도로 협상을 좀 배웠습니다. 덕분에 대립의 쓸모없음을 지적하고, 그 자리에 있는 간사 다섯 명이 공유하는 목적, 즉 반 친구 모두가 모이는 동창회를 기획·실행할 필요성을 재확인해 주었습니다. 이것은 제3장에서도 소개한 '공통의 인식'이지요94쪽 참조. 네편·내편으로 나눠질 것 같을 때에는 될 수 있는 한 빨리 에스컬레이션Escalation, 단계적인 확대이 멈출 수 있도록 모두가 운명 공동체라는 사실과 모두의 목적을 재확인시켜야 합니다.

'모두 함께'만이 정답이라고 할 수 없다

동창회 간사 회의는 1박파와 연회파로 싸우고 끝날 듯한 분위기였지만, 노교섭 대리의 한마디로 다행히 다시 제자리로 돌아왔습니다. 감정적인 대립은 넘어섰지만, 역시 한상무 씨의 숙박에 대한 고집은 상당한 것이어서 좀처럼 타협이 이루어지지 않았습니다.

한상무 하지만 역시 1박 정도는 해도 된다고 생각해. 일반적인 동창회라면 시내에서 해도 되지만 10주년 기념이잖아? 추억을 만들기에는 절호의 찬스라고 생각 안 해?

박영희 확실히 10주년은 특별해. 하지만 그래도 나는 이틀이나 애들을 맡길 데가 없어서 참석하기 힘들다고. 그럼 나는 간사 그만둘래. 그런데 내가 빠지면 여자 친구들 어떻게 연락할래?

이철수 나는 1박이라고 참가를 못하는 건 아니지만, 못 오는 녀석들이 많지 않을까 걱정이야. 교섭의 말처럼 우리들 간사가 할 일은 가능한 많은 친구들이 참가하도록 해야 하는 거 아니야?

하영수 그러고 보니 뭐 꼭 하룻밤 자야 할 필요는 없을 것 같아.

상무가 말한 휴양지에서 여유롭게 지내고 싶긴 하지만, 그럴 시간이 없는 사람도 꽤 많을 것 같긴 해.

한상무 이봐 이봐, 영수 너까지 부정적인 거야?

하영수 1박이라고 하는 아이디어에는 절대 부정적이지 않아. 하지만 못 오는 사람이 많아지면 그건 본래 취지에서 어긋나는 거잖아?

이철수 교섭아, 이럴 때 어떻게 하면 좋을까? 아까처럼 정리 좀 해 봐.

 미안, 잠깐 화장실 좀.

어떻게 해서든 한상무 씨를 설득하지 않으면 이야기는 진전되지 않을 것 같아서 아보트에게 상담해보기로 했습니다. 늘 그랬듯이 화장실로 뛰어 들어갑니다.

 상무가 계속 투덜거리니까 협상이 진행되지를 않아.

 아! 그런 타입이군. 한상무 씨는 자신의 마음속에 있는 정답에 맞추고 싶어 하는 것뿐이야.

 맞아 맞아. 어떻게 해서라도 1박 합숙 형식으로 하고 싶어

해. 어떻게 해서든 자기네 회사가 계약한 호화 휴양 시설을 자랑하고 싶은 거지. 그 녀석이 말을 꺼내서 하게 된 동창회이기도 하니까, 아마 녀석은 협상이 결렬되더라도 간사를 그만두지는 않을 거야.

 그럼, 따로따로 기획하면 되지 않을까?

 따로따로?

 모두가 모이는 동창회는 보통 연회로 기획하고, 옵션으로 가고 싶은 사람들만 휴양 시설에서 1박 하면 되지 않아?

 그래도 그건 전원이 동의하는 합의점이 아니지 않나?

 왜 전원이 동의해야 되는 거지?

 어? 그건, 뭐, '모두 함께'가 보통이니까?

 그런 건 없어. 무리하게 집단으로 행동하려고 하니까 틀어지는 거야. 결국 동창회란 일하는 게 아니니까 모두가 하고 싶은 걸 자유롭게 하면 되는 거야. 무리해서 같은 행동을 하려고 하니 싫은 일을 떠맡게 되고, 곤란한 처지가 되는 거지.

화장실에서 돌아온 노교섭 대리, 아보트의 생각을 모두에게 이야기해 봅니다.

이철수 야, 왜 이렇게 오래 걸렸어? 너, 술 약한 거 아니야? 괜찮은 거야?

아니, 미안미안. 정말 괜찮아. 그런데 해결책 말인데, 동창회를 2차까지 기획하면 어떨까?

박영희 무슨 말이야?

시내 연회장을 빌려서 하는 동창회를 메인으로 하면서 상무가 추천하는 1박 합숙 동창회도 옵션으로 개최해서 희망하는 사람들은 그것도 참가하는 거야.

하영수 역시! 그렇게 하면 동창회에 다 모일 수 있고, 천천히 이야기를 나누고 싶으면 휴양 시설에서 여유롭게 보낼 수도 있겠네.

한상무 희망자만이라… 자, 그럼 대신 골프대회를 열어도 될까?

좋은데! 모두가 오고 싶어 하는 기획을 상무가 생각해 내면 희망자 한정이라고 하더라도 많이들 참가하지 않겠어?

한상무 그렇네. 멋진 플랜을 제공하겠어!

이철수 우와, 노교섭, 학교 다닐 때 별로 말도 없고 그랬는데, 이제 보니 좋은 생각이 가득한 친구였구나!

베스트보다 베터를 목표로 한다

　여럿이 모이는 모임을 할 때, '전원 동의가 꼭 필요하지 않을까'하고 착각하는 사람이 많습니다. 최후까지 납득하지 않는 아주 소수의 사람들을 납득시키기 위해 다른 대다수의 사람들이 장시간 회의를 같이하거나, 대폭으로 양보해야 할 필요가 있을까요? 물론 완전한 동의가 필요한 회의도 있습니다만, 현실에서는 전원이 동의하지 않아도 일을 진행시켜야 할 상황은 많습니다. 동의를 얻으려는 노력은 필요하지만, 아무리 노력해도 회답이 없다면, 그 사람을 빼고 일을 결정해서 진행시켜 버리는 쪽이 효율이 더 좋습니다.

　완전한 동의를 원칙으로 하면 마지막까지 고집을 부리고 자신의 요구를 최대한 관철시키려는 전략이 유효해지기 때문에 반대로 합의 형성이 곤란해집니다. 동의 형성Consensus의 제1인자이자, 저의 스승이기도 한 매사추세츠 공과대학MIT 서스카인드Susskind 교수도 '완전한 동의가 이상적이라고는 하지만, 대다수가 뜻을 같이하는 동의를 목표로 해야만 한다'고 지적합니다.

　동창회 합의에서도 한상무 씨가 1박을 고집하는 바람에 전원이 동의하는 기획은 찾을 수 없을 것 같습니다. 다른 네 명이 져서 1박 동창회를 기획하면 동창회는 사람이 모이지 않고, 대실패로 돌아갈 수 있습니다. 그렇다고 하더라도 한상무 씨는 숙박이 없는 기획에는 동의하지 않을 것입니다. 그러면 전원이 동의하는 기획은 논리적으

로 불가능하므로 연회 형식의 동창회와, 합숙 형식의 동창회를 병행하면 됩니다.

　일이었다면 이렇게 처리하는 것이 불가능할 수도 있겠지만, 프라이빗 협상이라면 무리해서 합의를 한 가지로 좁히지 말고, 좋아하는 사람이 좋아하는 것을 할 수 있도록 합의점을 이끌어 가는 것이 반대로 합의 형성을 촉진하는 좋은 방법입니다.

이철수 씨, 박영희 씨, 노교섭 대리 세 명이 연회 형식의 동창회를 담당하고, 한상무 씨와 하영수 씨가 합숙 형식의 동창회를 담당해서 기획하기로 했습니다. 메신저로 조금씩 이야기를 해 본 결과 이철수 씨, 박영희 씨, 노교섭 대리 셋이서 다시 한 번 만나 점심을 먹으며 의견을 나누기로 했습니다. 노교섭 대리가 이 일을 나동무 씨에게 전하자 같이하고 싶다고 해서 네 명이 한자리에 모였습니다.

박영희 아, 동무야 오랜만.

나동무 영희? 아기도 있지? 분위기 달라졌네!

이철수 오, 나동무. 너, 지금 무슨 일해?

나동무 아, SE^Systems Engineer라고 하는 건데. 어플 같은 거 만들어.

 동무는 은근히 출세해서 지금 부사장이야.

이철수 진짜?

나동무 씨와 오랜만에 재회한 만큼 그의 근황에 철수 씨와 영희 씨는 관심이 많습니다. 점심인 파스타 세트가 나온 후에도 회사나 일 내용에 관한 질문이 계속 쏟아집니다. 그렇게 해서 40분이 지나고 식후 커피가 나올 때쯤, 노교섭 대리가 문득 생각난 듯 말을 시작합니다.

 그러고 보니, 오늘은 동창회 기획 합의 때문에 모인 거 잖아.

이철수 아, 까먹고 있었어. 하하하.

박영희 그렇네, 뭘 정하면 되는 거였지?

이철수 그런데 어쩌지? 나 슬슬 회사로 돌아가 봐야 할 것 같은데. 미안. 오후 일찍 손님이 오기로 해서 늦으면 안 되거든.

박영희 나도 슬슬 나가 봐야 돼. 다시 메신저로 상의할까?

결국 이철수 씨와 박영희 씨는 커피 마실 여유도 없이 바쁘게 레스토랑을 빠져나갔습니다. 나동무 씨는 시간이 여유가 있어 노교섭 대리와 살짝 잡담을 합니다.

나동무 내가 괜히 와서 합의를 방해한 것 같아. 미안. 동창회 기획 합의 때문에 모인 건데, 40분을 그저 잡담하느라 보내 버렸네.

니가 미안할 게 뭐 있어. 다들 오랜만에 만나서 반가우니까 그랬지.

나동무 그런데 오늘 합의 때문에 모인 건데 '아젠다^{Agenda}' 같은 건 없었어?

아젠다가 뭐야?

나동무 우리 회사, 사장이 미국 사람이라 사내에서 아젠다라고 부르는데, 우리 말로 하면 '의제 목록'? 합의할 때에는 아젠다를 사전에 메일로 공유해 두는 것이 룰로 정해져 있어.

아, 어떤 걸 써 두는 거야?

나동무 합의에서 결정해야 하는 것들을 적은 간단한 목록이랄까? 참고 자료가 있으면 별도로 번호를 매겨서 첨부해 두고.

그렇군, 동창회 기획에서도 그렇게 하는 게 좋을 것 같아.

그래서 노교섭 대리, 집으로 돌아오자마자 합의 아젠다를 생각해 봅니다.

① 일시 :
② 회장 :
③ 회비 :
④ 명단과 현재 연락처 :

우선은 이 정도인 것 같군요. 이것을 이철수 씨와 박영희 씨에게 메신저로 공유했습니다. 그러자 두 사람이 이내 답장을 보내 왔습니다.

박영희 공유해 줘서 고마워! '멀리서 오는 참가자들의 숙박'도 의제로 하는 건 어떨까?

이철수 오, 좋네! 다음 모임은 다음 주 화요일 점심?

이렇게 모임 날짜를 다시 잡았습니다. 다음 만남에서는 꼭 합의를 잘 이끌어 가야 할 텐데요.

프라이빗 협상에서도
사전에 대화 내용을 정해 두자.

업무상 회의라면 의제 목록을 제대로 만들어 두는 것이 일반적이지만, 프라이빗한 모임인 경우 만나서 이야기하는 것 자체가 목적이 되어 버려 무엇을 정하려고 했는지 본래 취지를 잊어버릴 수도 있습니다. 사이가 좋은 사람들이 모여서 잡담을 하는 것은 정보 수집 수단으로 결코 나쁜 것은 아닙니다. 하지만 의사 결정이 필요한 장면에서는 언제까지 무엇을 정하지 않으면 안 된다라든가, 비즈니스와 마찬가지로 의제 목록을 정리할 수 있는 메모지 등을 반드시 준비해 두어야 합니다.

이번 모임에서는 나동무 씨가 갑자기 참석하는 바람에 반가운 나머지 모두가 모임 취지를 잊어버리고 말았습니다. 나동무 씨가 반성했듯이, 아마도 그가 참가하지 않았더라면 더 좋았을지도 모릅니다. 하지만 그도 같은 반 친구니 참가하는 것 자체에 문제는 결코 없습니다.

오히려 간사가 사전에 의제 목록을 준비하지 않았던 것이 문제의 본질이지요. 모두 모이면 어떻게든 일이 진행되겠지 하는 마음이 들지만, 모두가 모이는 것을 모임의 목적으로 해서는 안 됩니다. 합의점을 찾기 위한 모임이었다면, 제대로 목적을 설정하여 결정하지 않으면 안 되는 것들을 정리해서 그것을 사전에 공유해 두도록 합시다. 물론 프라이빗 모임이니까 화기애애하게 진행해도 좋지만, 마치는 시간까지는 결정해야 할 사항에 관해서는 합의점이 도출되도록 진행시켜야 합니다.

또한 무엇을 어떤 순서로 의제로 올리면 될지는, 합의점을 찾을 때 빠뜨려서는 안 되는 사항입니다. 정치학 연구에서는 후보자의 논점 설정에 따라 선거 승패가 달라진다는 게 상식입니다. 이것은 프라이빗한 서클 등에서도 마찬가지로 찬성과 반대가 반반으로 나눠질 것 같은 의제를 갑자기 마무리하려고 하면 그만큼 분위기가 나빠져서 그룹이 붕괴되어 버릴지도 모릅니다. 또한 사람들을 참여시킬 때, 말을 걸어야 할 순서가 잘못됐을 뿐인데 이야기가 꼬이는 경우도 있습니다. 그렇기 때문에 많은 사람이 모이는 장소에 관련된 일이라면 '무조건 모이게 하는 것'만이 능사가 아닙니다.

드디어 두 번째 점심 모임이 열렸습니다. 이번 참가자는 이철수, 박영희, 노교섭 이렇게 세 명입니다. 지난번 사태를 반성하는 의미에서 점심 시간인 45분 내에 기획해 보자는 결의를 다지며 모였습니다.

이철수 좋아, 오늘은 쓸데없는 얘기 하지 말고, 제대로 얘기 좀 해 보자.

 사전에 의제는 보냈는데, 우선 일정부터 정해 볼까?

박영희 평일인지, 주말인지 판단해야겠지?

이철수 지방 근무하는 녀석들 생각하면 주말에 해야지.

박영희 그래. 나도 주말이라면 남편한테 애들 보라고 하면 되고.

 나는 주말에 근무하긴 하지만, 빨리 끝내고 와서 참가할게.

이철수 그래. 너도 고생이 많겠구나. 자, 토요일 오후 5시 어때?

박영희 오케이. 자 그럼 이렇게 결정한 거야. 벌써 한 가지 정해졌네.

이철수 좋아, 점점 결정해 가자고. 다음은 장소야. 선생님까지 합쳐서 전원 40명 정도인데, 주점 같은 곳은 무리일까?

박영희 아니, 큰 연회장이 있는 주점 있잖아.

 그런데 앉을 수 있는 곳에서 하면 죽 한자리에만 앉아 있어서 여러 사람과 이야기 나누기가 불편하지 않을까?

이철수 그럼, 역시 호텔 연회장에서 입식으로 하는 게 좋지 않을까?

박영희 호텔이라고 하더라도 여러 종류가 있잖아. 바닷가 야경이 예쁜 곳이면 좋겠는데, 꽤 비싸겠지? 그렇다고 하더라도 싼 곳은 음식도 맛 없고, 뭔가 부족할 것 같아.

이철수 그러고 보니 회사 연회를 OO호텔에서 했는데 괜찮았어. 음식도 맛 있고, 생맥주도 나오고.

박영희 정말?

이런 식으로 이야기가 진행되다가 '연회' 이야기를 하는 도중 여러 가지 아이디어가 나왔습니다. 의견이 없는 것보다는 나았지만 이대로라면 수습이 되지 않습니다. 그래도 장소 이야기가 오가는 것은 틀림없으므로 이야기를 멈추게 할 수는 없었습니다. 마침 화장실에 가고 싶어진 노교섭 대리, 아보트에게 어드바이스를 받아 봅니다.

아이디어가 나오는 건 좋은데, 혼란스러워졌어.

 제대로 기록은 해 둔 거야?

 직장이라면 화이트보드 같은 게 있지만, 지금은 식사 중이 거든? 메모 정도는 해 뒀지만, 모두에게 보이는 스페이스 는 없어.

 그럼, 포스트잇 가져왔지?

 포스트잇? 아, 정해 씨랑 여행 계획을 세웠을 때 썼던 게 아마 가방 안에 있을 거야.

 좋아좋아. 그럼, 나온 아이디어를 포스트잇에 적어. 그리 고 비슷한 것들, 연관된 것들끼리 모아서 배치해.

테이블로 돌아온 노교섭 대리, 가방에서 포스트잇을 꺼내 지금까지 나온 아이디어를 적어 내려갑니다. 그리고 4인용 테이블의 남은 자리에 포스트잇을 늘어 놓습니다.

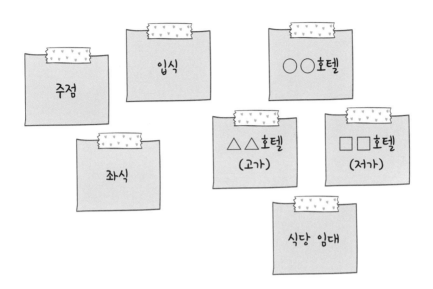

 이철수 뭐 하는 거야, 노교섭?

 지금까지 나온 아이디어를 좀 정리해 보려고.

박영희 아, 이거 회사에서 해 본 적 있어. 그래, 포스트잇으로 정
리하니까 좋네.

 이거 말고 다른 아이디어도 나왔던가?

이철수 아, 식당을 빌려서 하면 어떨지 잠깐 이야기 중이었어.

‘식당 임대’. 이건 새로운 아이디어네.

합의 기획이 잘 진행되어 그 자리가 활성화되면 참가자들이 수많은 아이디어를 내놓기 때문에 수습하기 힘들어질 수도 있습니다. 회사에서라면 화이트보드에 기록해도 되지만, 프라이빗 합의라면 그런 설비가 없는 장소에서 진행되는 경우도 많지요. 그럴 때 포스트잇이 아주 유용합니다. 나온 아이디어는 가로 7cm, 세로 7cm 정도의 포스트잇에 하나씩 기록합니다. 또한 관련된 아이디어는 옆으로 배치하여 관계성을 나타냅니다. 이렇게 하면 나온 아이디어를 순서대로 기록할 수 있고, 동시에 아이디어의 구조화를 진행시킬 수 있습니다.

이번 합의에서는 구체적인 호텔 이름까지 나와서 혼란스러웠지만, 큰 선택지로 '호텔', '주점', '식당 임대' 등을 우선 검토해야 할 것입니다. 여러 가지 아이디어가 나오는 것 자체는 나쁘지 않으므로이러한 작업을 '브레인 스토밍'이라고 합니다, 개별 아이디어를 포스트잇에 적어서 그 관련성을 정리합니다. 그렇게 하면 우선 무엇부터 결정할 필요가 있는지, 그 판단 재료는 무엇인지를 가시화할 수 있습니다. 이때 처음부터 세밀한 것까지 정하려고 하면 쓸데없는 것들이 보이므로 우선은 큰 방침에 대해 모두를 납득시킨 후에 그 방침 중에서 필요에 따라 추가 아이디어를 내는 것이 좋습니다. 즉 포스트잇을 좀 더 늘려 보다 세밀한 문제의 해결책을 모색해 가면, 쓸데없는 논의에 소요되는 시간을 줄일 수 있으므로 의사 결정 흐름도 깔끔해집니다.

간사의 '대표성'에 주의하자

장소를 선정하고, 친구들에게 안내서를 보낸 다음에는 모두가 참가하기만을 기다리면 됩니다. 개최까지 앞으로 2주 정도가 남은 어느 날 밤, 아보트가 갑자기 말을 걸어 옵니다.

 어이, 잘 지냈어?

 앗, 무슨 일이야? 지금, 협상 안 하고 있는데.

 너는 천하태평이구나. 동창회에 얼마나 모이는지 체크해 봐.

노교섭 대리가 간사끼리 공유하는 파일을 열어 보니 40명 가운데 22명만 참가 회신을 보냈습니다. 참가 인원이 생각했던 것보다 적습니다.

 전원 모이기는 힘들겠지만, 고등학교 졸업 10주년이니 좀 더 많이 모이는 게 좋을 것 같은데, 무슨 일이지?

 같은 반 친구라고 해도 졸업하고 10년이나 지났으니 여러 인생을 살고 있겠지. 각자 여러 가지 사정이 있을 테니까. 간사들이 제대로 기획해서 일부 동창생의 형편에 잘 대응하지 못한다면 그 사람들은 참가하지 않을 거야. 다같이 대책을 생각해 보는 게 어때?

우선 메신저로 간사 모두와 공유합니다.

생각보다 참가자가 적지 않아?

이철수 이상하네. 원래 집 주소가 아니라 현재 연락처를 알아본 다음에 안내서를 보냈는데. 메일로도, 우편으로도 전원에게 연락했고.

아보트가 '일부 동창생'이라고 했기 때문에 다시 한 번 명부를 보니, 어쩐 일인지 여자 친구들의 참가율이 약간 낮은 것 같습니다. 뭔가 이유가 있는 걸까요?

영희야, 여자 친구들 참가율이 저조해. 왜 그런 건지 알아?

박영희 그런 것 같네. 어제 친구들한테 직접 연락해 봤는데, 다들 애들이 아직 어려서. 남편도 애 볼 형편이 안 되고, 밤 늦게까지 돌보미한테 맡길 수도 없대. 그래서 못 온다고 하더라고.

이철수 무슨 방법이 없을까?

박영희 '애들을 데려와도 OK'라고 하면 좋을 것 같아. 나도 그렇게 하면 더 좋을 것 같고.

이철수 가능하지 않을까? 예약 장소에 확인해 볼게.

박영희 부탁할게!

이철수 애들을 데려와도 된대! 연회장 일부를 애들이 놀기 쉽게 자리 배치를 좀 바꿀까?

박영희 고마워! 여자 친구들한테 다시 말해 볼게!

이렇게 해서 아이들을 데리고 와도 된다는 사실을 어필해서 다시 한 번 참가자를 모집해 봤더니 8명이나 더 늘었습니다. 원래는 '불참'이었던 사람도 참가한다는 겁니다. 박영희 씨가 직접 연락한 여자 친구들은 '다같이 애들 데리고 모이자!'라며 신이 나 있는 모양입니다. 또한 남자 친구들 중에서도 육아 휴직을 해서 아이를 돌보는 사람이 한 명 있어서 그 사람도 참가할 수 있게 되었습니다.

 참가자가 늘었네!

박영희 우리집도 그렇지만, 다들 어린애가 있을 나이잖아.

이철수 우리끼리 신나서 기획하긴 했지만, 모든 사람의 사정을 고려했어야 했어.

대표자가 아닌 사람들의 사정도
생각한다

그룹집단으로서 의사 결정을 할 때는 대부분 그룹 구성원 전원이 모여서 의논하는 것이 아니라, 간사나 대표자 등 소수의 사람들이 모여 합의를 형성하는 게 일반적입니다. 마지막까지 그룹 전체의 이익이 되는 의사 결정을 한다면 좋겠지만, 대표와 그룹 구성원 전체 사이에 차이가 생겨 버리면, 대표로서는 좋다고 생각해서 내린 결정이 멤버에게는 반갑지 않은, 찬성할 수 없는 사태에 이르는 경우도 있습니다.

간사나 리더 등 대표자에 의한 협상이 다양한 그룹 구성원의 이해를 반영할 수 있는 정도를 '대표성'이라고 합니다. 대표가 된 사람은 자신의 생각뿐만 아니라, 그룹 구성원 전원의 사정을 생각하여 미처 대변하지 못하는 의견은 없는지 살펴 보아야 합니다.

이번 동창회에서는 어린아이가 있는 부모의 이해를 충분히 고려하지 못했습니다. 박영희 씨가 그런 이해를 대표하는 간사이긴 했지만, 그녀는 남편이 주말에 아이들을 돌봐줄 수 있는 좋은 환경입니다. 하지만 다른 여자 친구들은 아이를 맡기고 연회에 참가할 만큼의 여유가 없어서 참가를 포기할 수밖에 없습니다.

어떻게 하면 이런 상황을 사전에 피할 수 있을까요?

첫 번째로, 그룹 구성원 전체를 살펴 보아서 어떤 카테고리의 사람들이 있는지 사전에 정리하면 좋습니다. 이것을 '스테이크홀더Stakeholder, 이해 당사자 분석'이라고

합니다. 동창회라면 독신 · 기혼 · 아이 있음 등의 가족 구성이나 거주 지역, 직업 등으로 카테고리를 나눈 후에, 장소나 일정이 각 카테고리에 속하는 사람들에게 부합하는지 아닌지를 체크할 수 있겠지요.

　두 번째로, 대표성을 높이기 위해 기획 초기 단계에서 간사 이외의 사람의 의견을 듣는 것도 좋습니다. 예를 들면, 박영희 씨는 좀 더 앞 단계에서 다른 여자 친구들의 이야기를 들어 보았으면 좋았을 것이고, 이철수 씨도 노교섭 대리도 마찬가지로 자신의 친구들에게 그 장소나 일정이 괜찮은지, 가볍게 상의해 봤으면 좋았겠지요.

고압적인 사람은 진짜 리더가 아니다

　동창회 당일, 30명 이상이 모였습니다. 이철수 씨가 연회장 세팅 등의 지시, 박영희 씨는 접수, 노교섭 대리는 행사를 진행하는 사회 역할을 맡았습니다. 또한 직전까지 동창회 발기인이었던 한상무 씨도 조금 일찍 와서 도와주기로 했습니다. 세 명은 '상무는 딱히 안 와도 되는데'라고 생각했지만, 박영희 씨에게 따로 전화해서는 꼭 돕게 해 달라고 당부했던 터라 거절하기도 어려웠습니다.

　접수 개시 1시간 전에 간사가 집합해서 호텔 직원과 상의하여 연회장을 정비합니다. 그러면서 아이들이 놀 장소에 유모차까지 세워 놔야 해서 자리가 굉장히 좁아졌다는 사실을 알게 되었습니다.

이철수	죄송합니다. 여기, 좀 더 넓게는 안 될까요?
호텔 직원	따뜻한 식사를 제공하는 테이블을 옆에 세팅해 버려서 지금부터 이동하는 것은 좀 어려울 것 같은데요.
이철수	아, 그래요? 유모차 이야기를 전달했어야 했는데….
박영희	하지만 어떻게든 하지 않으면, 너무 좁지 않아?

할 일 없이 한가해 보이던 한상무 씨가 끼어들었습니다.

한상무	이봐 이봐, 아직도 파티까지 1시간이나 남았잖아! 테이블 이동 정도는 호텔 직원이 해 주는 게 당연하지.
이철수	그렇게까지 말할 거 없잖아.
한상무	그렇게 약하게 굴면 안 돼. 이런 건 나한테 맡겨 둬. 리더라면 좀 더 제대로 해야지.
호텔 직원	죄송합니다. 지금부터 이동하면, 개시 시간까지 준비를 못 할 수도 있습니다.
한상무	그러니까 변명하지 말고, 지금 바로 하라는 겁니다.
이철수	이제 됐어, 내가 책임자니까, 너는 빠져 줘.
한상무	뭐? 왜 너까지 그렇게 말하는 거야?
박영희	잠깐, 둘 다 그만해! 애들도 보고 있잖아.

한상무 씨와 이철수 씨 사이에 그만 언쟁이 일어났습니다. 그때, 사회 연습을 하려고 자리를 비웠던 노교섭 대리가 돌아왔습니다.

 어? 왜 싸우고 있어?

한상무　테이블을 옮기면 되는데, 호텔 직원이 못 옮기겠다 잖아!

호텔 직원 분에게도 나름대로 이유가 있겠지?

이철수　거기에 뷔페 식사와 음료 카운터가 있잖아. 벌써 배치를 시작했으니까, 움직일 수 없다는 거야.

그럼, 일단 진정하고 뭔가 다른 해결책을 생각해 보자.

한상무　그렇게들 한가해? 뭐든지 스피드가 핵심이야, 스피드.

그러니까 호텔 측으로서는 식사 카운터를 움직일 수 없는 거네.

호텔 직원　네, 가스버너도 쓰고 있고, 음료도 그쪽에 두기로 해서요.

그럼, 영희야, 유모차를 꼭 안으로 갖고 들어와야 해?

박영희　하긴 우리 짐은 클로크룸Clokroom에 맡기고 애들을 걷게 하면 되지만, 아기라든가 칭얼거리는 아이들도 있을 테니까 몇 대쯤은 들어와야 할 거야. 그것도 그렇지만, 지금 생각해 보니까 애들이 식사 카운터 바로 옆에서 노는 건 너무 위험해 보여. 뛰는 애들도 있을 거야. 그러다 식탁을 넘어뜨리기라도 하면….

이철수   그것도 그렇네. 나는 애가 없어서 그런 걸 몰랐어.

자, 결국 이 공간을 넓힐 게 아니라, 입구 주변 테이블을 두 개 줄여서, 거기를 아이들이 노는 공간으로 하면 되는 거 아니야?

박영희   확실히 입구 가까운 쪽이 편리하겠어. 민폐도 덜 끼치게 되고 말야.

호텔 직원   네, 테이블을 정리하신다면, 지금 바로라도 가능합니다. 여기 공간에 테이블을 하나 옮겨 오는 것도 가능합니다.

이철수   그럼, 바로 부탁 드려도 될까요?

박영희   이걸로 문제 해결이네! 노교섭, 고마워.

응? 나?

이철수   그래, 네가 없으면 이야기가 정리가 안 된다니까.

최근 세상이 뭐가 그리 급해진 건지 '조직의 리더는 시간을 끌지 않고, 신속하게 의사 결정을 하는 것이 리더십'이라고 생각하는 경향이 있습니다. '합시다'라는 한마디로 문제를 모두 해결할 수 있다면, 그만큼 기분 좋은 일은 없겠지요. 또한 예전처럼 사내 품의나 합의 형성에 시간을 들이면 다른 회사에 선두를 빼앗겨서 거래에서 좋은 기회를 놓칠지도 모르니까요. 이러한 면을 생각하면, 확실히 신속하게 판단하는 것이 좋은 경우도 많겠지요.

그러나 다양한 이해를 가진 구성원으로 이루어진 그룹에서는 리더 혼자만의 생각으로 의사 결정을 하면 '대표성이 부족하기 때문에 실행이 불가능하다' 혹은 '그 후 그룹 내외에서 트러블이 빈번히 발생한다'는 위험이 있습니다. 쓸데없는 시간을 들이는 것은 좋지 않지만, 고압적인 태도로 일방적인 의사 결정을 하는 것이 항상 좋지는 않습니다.

한상무 씨는 자신의 입장을 강변하고 상대를 굴복시키는 일이 리더십이라고 착각하는 것 같은데, 그렇게 해서는 안 됩니다. 여기서 노교섭 대리가 사이로 들어가 호텔 측이나 어린아이를 데리고 오는 참가자들의 이해를 듣고, 모두가 납득할 수 있는 합의점을 찾으려 합니다.

노교섭 대리처럼 관계자스테이크홀더의 이해를 듣고 모두 만족할 수 있는 해결책을

찾아내는 데 도움을 주는 사람을 '촉진자'라고 합니다. 그리고 스스로 결정하는 것이 아니라 모두의 의견을 모으는 것을 '퍼실리테이티브 리더십Facilitative Leadership'이 라고 하는데, 이는 리더십의 한 형태입니다. 인기가 없을지는 몰라도 이렇게 온화한 리더십이야말로 요즘 세대에는 매우 필요하다고 봅니다.

1

협상의 목적은 네편·내편으로 나누는 것이 아니라, 서로가 만족할 수 있는 합의점을 찾는 것. 파벌이 생길 것 같으면 '공통의 인식'으로 목적을 재확인시키자.

2

전원 합의보다 대다수 합의를 목표로 할 것. 프라이빗 협상에서는 각자가 특별히 좋아하는 것을 가능하게 하는 편이 합의점을 찾기 쉽다.

3

단지 모이는 것이 목적이 되면, 시간이 지나도 이야기는 앞으로 나아가지 않는다. 프라이빗 협상이라 할지라도 무엇을 결정할 목적이 있는 모임에서는 '아젠다'를 준비하자.

4

화이트보드가 없으면, 포스트잇을 써서 아이디어를 정리하자. 비슷한 아이디어를 모아 늘어 놓고 관련성을 정리하면, 합의 형성이 원활해진다.

5

대표자는 구성원 전원의 사정을 배려하고, 놓치고 있는 의견 중에서 빠뜨린 것이 없는지 주의를 기울인다. 가족 구성이나 직업 등으로 카테고리가 나뉘는 '스테이크홀더 분석'을 행하거나, 대표자 이외 사람의 의견을 들어 보는 것도 효과적이다.

6

스피드만 중시한 일방적인 리더십에는 '대표성'이 결여될 우려가 있다. 자신의 의견을 관철시키는 것이 아니라, 모두의 의견을 모으는 '퍼실리테이티브 리더십'도 중요하다.

저자의 한 마디 2

심리적인 테크닉

이 책에서는 주로 협상의 실리적인 측면에 착안해 그 분석 방법과 전략 세우기를 소개했습니다. 한편, 협상에는 심리적인 측면도 있습니다. 예를 들면, 제3장에서 소개한 '리프레이밍'95쪽 참조은 '똑같은 것이라도 말하는 방법에 따라 받아들이는 사람이 달라진다'는 심리적 측면의 전략 가운데 하나라고 할 수 있습니다.

협상의 궁극적인 목적은 관계자 모두 될 수 있는 한 큰 이익을 얻을 수 있는 합의점을 찾는 것이지만, 그 과정에서 자신의 밥그릇을 늘리기 위해 여러 가지 심리적인 테크닉을 쓰는 경우도 있습니다.

또한 세상에는 안타깝지만 '상대에게 도움이 될지 안 될지는 상관하지 않고 계약을 따기만 하면 내것'이라는 음흉함을 감추고 물건을 강매하는 사람도 있습니다. 그런 사람들은 실리적인 전략보다 심리적 테크닉을 구사하여 당신을 속이려고 합니다. 그렇기 때문에 협상이나 세일즈에서 속지 않도록 방어를 위한 심리적인 테크닉을 알아 두어야 합니다.

미국의 심리학자 로버트 치알디니Robert Cialdini의 책 《설득의 심리학》에는 우리가 속아 넘어가는 여섯 가지 성질이 알기 쉽게 써 있습니다. 그 성질 중의 하나가 '상호성'인데, 그것은 '누군가의 호의를 입으면 마음의 빚을 지게 되고, 그 빚으로부터 벗어나고 싶어한다'는 것입니다. 예를 들면, 찾아온 사람에게 무료로 경품을 나눠 주는 자동차 딜러나 아파트 분양팀 등이 대표적입니다. 굳이 '무료'로 나눠 줌으로써 소비자의 마음 한구석에 '이 딜러나 분양팀에게 사지 않으면 안 될 것 같은' 압박감을 주는 것입니다.

이때 놓쳐서는 안 될 점이 있습니다. 경품 가격은 자동차나 아파트 가격에 비하면 아무것도 아니라는 것이지요. 소비자로서 가격을 깎는 협상을 할 때에는 이 심리적 압박감을 완전히 무시하고, 내가 얻을 실질적인 이익만을 생각해야 합니다.

'협상'에 관한 대부분의 책에서는 심리적인 테크닉을 다루고 있습니다. 그러나 그것들은 어디까지나 자기 방어를 위한 지식입니다. 정말 도움이 되는 합의점을 찾아내기 위해서는 이 책에서 언급하는 실리적인 협상 테크닉을 잘 익혀두는 것이 무엇보다 중요합니다.

어느날 귀갓길

이봐!

이 느낌은 ……

삐 삐 삐 삐 삐

아~ 아~ 아~ 역시~!

잘했어!

처음 만났을 때에 비하면 협상력이 꽤 생겼군!

너희들 덕분에 뭐랄까 자신이 생겼어!

실은 우리는 슬슬 다음 별로 가 봐야 할 것 같아.

어, 그렇구나!

지금까지 고마웠어!

나야말로! 같이 배운 것들 꼭 다른 지구인들 에게도 전달해 줄게!

마치며

　노교섭 대리의 성장 스토리를 마지막까지 함께해 주셔서 감사합니다. 불평만 늘어놓는 사람들을 상대로, 대화로 합의점을 찾아내는 것은 누구나 싫어하는 일입니다. 노교섭 대리 역시 귀찮아하거나, 감정적이 되거나, 대화에서 도망치거나 해서 좋은 합의점을 찾지 못하여 눈길을 끌지 못하는 인생을 보내고 있었습니다. 이번에 운 좋게(!?) 네고 플래닛 사람을 만나 협상학을 배움으로써 인생이 바뀌는 계기를 만든 것 같습니다.

　여러분도 노교섭 대리가 배운 협상학의 테크닉, 분석 방법을 사용하면 매일의 '합의점 찾기'를 좀 더 냉정하게, 합리적으로, 효율적으로 진행할 수 있을 것입니다. 다시 한 번 각 장의 '정리'를 반복해서 읽어 보고, 무엇을 배웠는지 복습해 보시기 바랍니다. 지금까지 귀찮고 불쾌하다고밖에 생각하지 않았던 사람들과의 대화도 단순한 '합의점 찾기' 게임으로 여길 수 있을 것입니다.

　머릿속으로 생각만 해서는 아무것도 좋아지지 않습니다. 비즈니스에서도, 개인 생활에서도 자신과 주변 사람 모두를 행복하게 만들 수 있는 '합의점 찾기' 여행으로 이 책을 들고 떠나 보지 않으시겠습니까?

Masahiro Matsuura

OTOSHIDOKORO NO MITSUKEKATA SEKAIICHI YASASHII KOUSHOUGAKU NYUMON
©MASAHIRO MATSUURA 2018
Originally published in Japan in 2018 by CROSSMEDIA PUBLISHING CO., LTD., TOKYO,
Korean translation rights arranged with CROSSMEDIA PUBLISHING CO., LTD., TOKYO,
through TOHAN CORPORATION, TOKYO, and BC Agency, SEOUL.

안 될 일도 되게 하는

대화와 협상의 기술

초판발행   2019년 8월 20일

초판 2쇄   2021년 7월 1일

발 행 인   민유정

발 행 처   대경북스

ISBN   978-89-5676-787-1

등록번호 제 1-1003호
서울시 강동구 천중로42길 45(길동 379-15) 2F
전화: (02)485-1988, 485-2586~87 · 팩스: (02)485-1488
e-mail: dkbooks@chol.com · http://www.dkbooks.co.kr